Erhart Kästner:
An meinen Nachfolger

.

Wolfenbütteler Hefte

Herausgegeben von
der Herzog August Bibliothek

Heft 34

Harrassowitz Verlag · Wiesbaden 2015
in Kommission

An meinen Nachfolger

Erhart Kästners Vermächtnis
als Direktor der Herzog August Bibliothek

Herausgegeben und
mit einer Einleitung versehen
von Helwig Schmidt-Glintzer

Harrassowitz Verlag · Wiesbaden 2015
in Kommission

Coverabbildungen: die Bibliotheca Augusta, das Hauptgebäude der Herzog August Bibliothek, Foto: H. Heidersberger, 1962; Erhart Kästner, Foto: Erhart Kästner Archiv, 1968; im Hintergrund: Blick in die Augusteerhalle der Bibliotheca Augusta, Foto: H. Heidersberger, 1966, s. a. Abb. 1, 14 und 34.

Bibliografische Information der Deutschen Nationalbibliothek
Die Deutsche Nationalbibliothek verzeichnet diese Publikation in der Deutschen Nationalbibliografie; detaillierte bibliografische Daten sind im Internet über http://dnb.dnb.de abrufbar.

Bibliographic information published by the Deutsche Nationalbibliothek
The Deutsche Nationalbibliothek lists this publication in the Deutsche Nationalbibliografie; detailed bibliographic data are available in the Internet at http://dnb.dnb.de.

www.harrassowitz-verlag.de

Gedruckt auf alterungsbeständigem, säurefreiem Papier.
Druck: Memminger MedienCentrum Druckerei und Verlags-AG
Printed in Germany
ISBN 978-3-447-10431-9
ISSN 9999-9133

für Nikoline Kästner

in memoriam Anita Kästner
(22.8.1924 – 31.5.2011)

Inhalt

Helwig Schmidt-Glintzer: Einführung 9

Erhart Kästner: An meinen Nachfolger 37

Viten 121

Abb. 1: Erhart Kästner, Foto: Erhart Kästner Archiv, 1968

Einführung

Helwig Schmidt-Glintzer

„An meinen Nachfolger" hat Erhart Kästner (1904–1974, **Abb. 1–5**) seine Gedanken über die von ihm seit 1950 geleitete Herzog August Bibliothek überschrieben. Anlass für diesen Text, den er im Juli 1968 abschloss und bald darauf seinem Nachfolger Paul Raabe (1927–2013) überreichte, war die Amtsübergabe im Oktober 1968. Aus dem Typoskript wurde seither mehrfach zitiert, es wurde aber niemals in ganzer Länge veröffentlicht.[1] Nach nunmehr bald einem halben Jahrhundert, in dem unter der Leitung von Paul Raabe von 1968 bis 1992 und seither von mir selbst die Wolfenbütteler Bibliothek zu einer außeruniversitären Forschungs- und Studienstätte ausgebaut worden und inzwischen in das digitale Zeitalter aufgebrochen ist, erscheinen die Vorstellungen und Pläne Erhart Kästners wie der Ruf aus einer anderen Zeit – und haben doch ihre Frische und Aktualität behalten. Deswegen lege ich diesen Text zum Ende meiner Wolfenbütteler Amtszeit vor und erlaube mir als Vorrede einige kleinere Hinweise.*

Im Rückblick stellt sich Erhart Kästners Wirken in Wolfenbüttel als ein gewaltiger Dreisprung dar, beginnend mit der Übernahme des Amtes 1950 über die Aus-

---

* Dementsprechend wurde der Text der Einführung und der Kästnersche Text hier typographisch unterschiedlich gesetzt.

1 Julia Freifrau Hiller von Gaertringen macht einen Satz Kästners aus diesem Text zum Buchtitel: Julia Freifrau Hiller von Gaertringen, Diese Bibliothek ist zu nichts verpflichtet außer zu sich selbst. Erhart Kästner als Direktor der Herzog August Bibliothek 1950–1968. Wiesbaden 2009. Siehe unten S. 61 – Ein Auszug wurde abgedruckt in: Kunstwirklichkeiten: Erhart Kästner – Bibliothekar, Schriftsteller, Sammler. Wiesbaden 1994, S. 111–116.

bauphase in den sechziger Jahren bis hin zum Abschluss samt der Amtsübergabe an seinen Nachfolger Paul Raabe. Diese mehr als 18 Jahre in Wolfenbüttel würdigte am 12. Oktober 1968 Wilhelm Totok, 1962 bis 1986 Direktor der Niedersächsischen Landesbibliothek Hannover, am 12. Oktober 1968 in einem Brief an Kästner, beginnend mit der Feststellung:

> [...] daß [...] in Wolfenbüttel in den letzten 18 Jahren einer der bedeutendsten Repräsentanten unseres Berufs gewirkt hat. Ich bitte Sie, mir zu glauben, daß ich diesen Satz nicht schreibe, um eine Freundlichkeit zu sagen, sondern weil das meine volle Überzeugung ist. Sie haben bewiesen, daß der Bibliothekar in seinem Beruf eine schöpferische Wirksamkeit entfalten kann, daß er als Bewahrer geistigen Gutes nicht nur subalterner Erfüllungsgehilfe Anderer zu sein braucht, von außen gedrängt und gestoßen und doch immer zu spät kommend, sondern daß er den Schwerpunkt seiner Tätigkeit in sich selbst zu finden vermag und dazu beitragen kann, daß eine Epoche in dem, was sie geistig ist, sich selber deutlich bewußt wird. In unendlichem Kleinkrieg mit den Ämtern, von dessen Ausmaß auch ich mir keine Vorstellung machen konnte, ist es Ihnen gelungen, Ihre Konzeption von Bibliothekar und Bibliothek in die Tat umzusetzen.[2]

Kästner hatte zu einer Zeit sein Amt als Bibliothekar angetreten, als die Bibliothek noch abweisend war. Dies wollte er ändern, und der 46-jährige formulierte in seiner Antrittsrede am 1. März 1950 ein Programm:

> Ich fühle stark das Gewicht dieses Momentes, in dem ich die Verantwortung für diese alte und berühmte Bibliothek und ihre Kostbarkeiten übernehme. Diesen Besitz im Einzelnen kennen zu lernen wird meine nächste Aufgabe sein.

---

2 Brief Wilhelm Totok an Erhart Kästner vom 12.10.1968, in: Erhart Kästner Archiv (EKA).

Ich empfinde weiterhin stark, daß alles, was in diesem Hause zu geschehen hat und geschehen wird, gleichsam unter den Augen und kritischen Blicken von Leibniz und Lessing geschieht. Ich muß den Auftrag, der darin liegt, so verstehen, daß es nicht darauf ankommt, nach rückwärts zu blicken, sondern zurück und nach vorn, so wie es jene Männer tun würden, wenn sie jetzt und unter uns lebten: denn sie waren neu, kühn und vorwärtsblickend in ihren Entschlüssen.

Ich stehe nach der langen Unterbrechung der Kriegs-, Gefangenschafts- und Nachkriegsjahre nun zum ersten Mal wieder in der Mitte so ungeheurer Büchermengen, deren verpflichtende Gegenwart ich spüre. Es ist mir lieb, wieder in dieser stillberedten Welt zu sein und zu arbeiten, aber ich fühle auch stärker als in jüngeren, naiveren Jahren die gewaltigen Anforderungen, die diese Umgebung stellt. [...]

Denn Bibliotheken sind Hochburgen des Vergessens, die Büchermassen einer Bibliothek sind zum großen, ja zum größten Teil tot. Was aber der Tod für das leibliche ist, das ist das Vergessen für den Geist. In einer Bibliothek leben, heißt also, sich angesichts des Vergessens und des Todes zu behaupten. Das ist nicht leicht: es ist die Gefahr dieses Berufes, gegen die man sich mit starken Waffen zu versehen hat. Nur eine starke Beziehung zum lebendigen Geist kann hier schützen. In diesem Weinberg muß jeder Arbeiter eine Beziehung zum schaffenden Geist unterhalten; es genügt nicht, daß er Techniker und Spezialist seines Berufes ist.

Es wird notwendig sein, künftig in manchem neue Wege zu gehen und Neues zu beginnen. Es wird Ihnen, meine künftigen Mitarbeiter und lieben Kollegen, nicht verborgen sein, daß man eine stärkere Aktivierung, als es bisher der Fall gewesen sein mag, von mir erwartet. Je stärker Sie dieses von sich aus wollen und selbst danach drängen, desto besser für Sie, da sich ja das Freiwillige immer mit Lust vollbringt und das Unfreiwillige mit Unlust und Schmerz.

Noch etwas. Wenn wir hier unter den Augen Lessings
stehen, so mag es einer seiner Charakterzüge sein, den
wir vor allem bemerken wollen: daß er der Redlichste
unter allen Redlichen war. Hofmannsthal hat von Lessing
gesagt, daß er der einzige geborene Charakter unter so
vielen gemachten war. Diese Klarheit menschlicher Be-
ziehungen möge anwesend sein, solange ich hier verant-
wortlich bin.

Die Rede beschloss er mit Sätzen, deren Pathos uns heute
fremd erscheinen mag und die vielleicht doch auch heute
noch Gültigkeit haben können:

Ich möchte bemerken, daß ich mich als einen starken
Verehrer der Kardinaltugend der Gerechtigkeit beken-
ne. Wir haben die weltbewegende Macht dieser Tugend
und die erschütternden Folgen ihrer Abwesenheit in den
vorvergangenen Jahren zur Genüge erfahren.

Und wir haben in eben diesen Jahren erfahren, daß uns
im Wirbelsturm der Ereignisse nichts retten kann, es sei
denn, daß wir versuchen, die Zellen gesund zu erhalten.
Das Ganze, wohin es treibt, wohin es gerissen wird, ob
es dauert, ob es wankt, ob es stürzt - wir wissen es nicht
und unsere tägliche, nächtliche Sorge gilt dieser Frage.
Wir wissen nur eins: es gilt, die stillen Feuer zu unterhalten, den Geist, der sich in den einzelnen Gehäusen, in
den gefüllten Kammern, in den noch kraftvollen Zellen
erhält. Gelänge dies nicht – es hülfe auch nichts, wenn
sich das Ganze erhielte.

Wolfenbüttel ist eine solche Zelle – Wolfenbüttel als
Stadt, als Gebilde, und diese berühmte hier gewachsene
Bibliothek auch. Sie zu erhalten, nicht sie zu konservie-
ren, sondern ihre Keimkraft, ihren Zellwert lebendig und
jung zu erhalten: das muß die Aufgabe sein. [...][3]

3   EKA 3.4 (6) – Siehe „Zellwert", in: Helwig Schmidt-Glintzer (Hrsg.), Erhart
    Kästner. „Man reist um die Welt bewohnbar zu finden" – Lebensbilder und
    Bewunderungen. Mit einem Essay von Arnold Stadler. Frankfurt am Main
    2004, S. 167–168.

Mit solchem Pathos begann Kästner 1950.

Wie ein roter Faden zieht sich durch den Text „An meinen Nachfolger" dann der Name des Ministerialdirigenten Dr. h.c. Rolf Schneider (1911–2009), dessen Hinwendung zur Wolfenbütteler Bibliothek tatsächlich für diese eine Wende bedeutete. Am 3. Dezember 1959 schreibt Erhart Kästner an Schneider, nachdem dieser sich nach Wolfenbüttel begeben und ein Schreiben Kästners mit diesem Punkt für Punkt durchgesprochen hatte:

> Ich wollte Sie könnten den Grad meines Dankes ermessen, wenn ich Ihnen sage: so grundsätzliche Briefe wie den, den Sie gestern voller Rat und Verständnis Punkt für Punkt mit mir durchsprachen, habe ich im Lauf der vergangenen 10 Jahre vielleicht an die 150 geschrieben, meist ohne Antwort und jedenfalls immer ohne Erfolg.

Unter den Beständen hatten es Rolf Schneider die von Herzog Anton Ulrich für die Bibliothek erworbenen Weissenburger Handschriften und deren Erschließung durch den Handschriftenbibliothekar Hans Butzmann (1903–1982) besonders angetan. Dieser war seit 1948 an der Herzog August Bibliothek und hatte als Stellvertretender Direktor das Direktorat Erhart Kästners über die gesamte Zeit begleitet. Als Nachfolger hatte Kästner noch Wolfgang Milde (1934–2011) gewinnen können, der von 1968 bis 1997 Leiter der Handschriftenabteilung war.

Auch wenn die Wolfenbütteler Bibliothek sich im Laufe der Jahrhunderte in vielfältiger Weise nicht nur durch Erwerbungen – spektakulär war der Kauf des Evangeliars Heinrichs des Löwen Ende 1983 als teuerstes Buch der Welt –, sondern auch durch die Verlagerung der Helmstedter Bibliothek nach der Auflösung der Universität 1810 und durch weitere Legate stark erweitert hatte, blieb im Mittelpunkt stets die Sammlung Herzog Augusts des

Abb. 2: Erhart Kästner am 12. Oktober 1969 in der Galerie am Erker in
St. Gallen bei der Vorstellung des Buchs „Die Kunst und der Raum"
von Martin Heidegger und Eduardo Chillida

Abb. 3: Erhart Kästner spricht auf der Jahressitzung „Aufstand der Dinge" in der Bayerischen Akademie der Schönen Künste in München 1973, Foto: Hans Piper

Jüngeren (1579–1666), die dieser in den Jahren seit 1604 zusammengetragen hat. Deswegen hat Erhart Kästner die Zeit 1604–1666 gern als die Zeit des Sammlers Herzog August bezeichnet (s. S. 45).

Ohne das Engagement des Ministerialdirigenten Dr. Rolf Schneider ist der Umbau der Bibliothek durch Erhart Kästner und der Aufbau der Malerbuchsammlung ebenso wenig denkbar wie dann in den siebziger Jahren die Erweiterung der Bibliothek durch Paul Raabe. Auch bei den Unstimmigkeiten, die zwischen Erhart Kästner und Paul Raabe wegen der Erweiterungspläne des Letzteren die Korrespondenz zwischen dem totkranken Kästner und seinem Nachfolger bestimmten,[4] hat sich Rolf Schneider der Bibliothek verpflichtet gefühlt und dies dann später kontinuierlich bekundet. Wie kein anderer hat er die Geschicke der Herzog August Bibliothek im vergangenen halben Jahrhundert geprägt. Ihm ist der Ausbau der Bibliothek unter Erhart Kästner zu verdanken, er hat das Erweiterungskonzept Paul Raabes mitgetragen und den Ausbau zur Forschungsbibliothek maßgeblich gefördert, und nicht zuletzt hat er durch sein Mitwirken im Vorstand der Gesellschaft der Freunde der Herzog August Bibliothek die Nachwuchsförderung gestützt. Zusammen mit seiner Frau Ursula hat er im Jahre 1998 eine Stiftung zur Förderung von Doktoranden errichtet. Bei dieser Rolf und Ursula Schneider-Stiftung für Geschichtswissenschaft, die er anlässlich der Feier zu meinem fünfzigsten Geburtstag am 24. Juni 1998 öffentlich machte, hatte er sich an die Stiftungsidee von Dr. Günther Findel (1920–2002) angelehnt. Er gehörte, wie es Werner Arnold in seiner Einleitung zu dem aus Anlass des 100. Geburtstages von Er-

---

4 Hierzu siehe Julia Freifrau Hiller von Gaertringen, op. cit., S. 323.

hart Kästner erstellten Wolfenbütteler Malerbuchkatalog formulierte, „zu den engagiertesten und wirkungsvollsten Kulturbeamten, die dem Land Niedersachsen nach dem Zweiten Weltkrieg gedient haben".[5] Die Herzog August Bibliothek war ihm ans Herz gewachsen. Die Übergabe des von ihm und seiner Frau gehüteten Brautschrankes von 1695 an die Herzog August Bibliothek am 1. Januar 2005 war ihm ein persönliches Anliegen. Damit war sein letzter Besuch in der Bibliothek verbunden.

Als Erhart Kästner kurz vor seiner Pensionierung mit einer heimtückischen Krankheit zu kämpfen hatte, ließ er nicht nach, sich für die Belange der Wolfenbütteler Bibliothek einzusetzen. Selbst aus dem Münchner Klinikaufenthalt betreibt er die Sache der Bibliothek und seiner Nachfolge. Am 27. Mai 1968 schreibt er dann dem Ministerialdirigenten in Hannover:

> Ich habe nunmehr das Gefühl abzuschließen. Der Umbau des Direktorhauses zwingt uns, spätestens um den 10. September zum Auszug. Ich habe unserem Architekten in Staufen mitgeteilt, daß wir dann einziehen müssen.
>
> Ich werde 5 Dinge, die anderswo nicht sind, in Wolfenbüttel zu Stande gebracht haben:
>
> 1) die SCHAUBARKEIT Einer Altberühmten Bibliothek
> 2) die RESTAURIERUNGSWERKSTATT
> 3) DIE NEUE FOLGE UNSERER KATALOGE
> 4) DIE SACHE LESSINGHAUS
> 5) und die MALERBÜCHER.
>
> Ich brauche nicht zu sagen, daß ich alle fünf Vorhaben ohne Sie nicht hätte ausführen können.

---

5 Werner Arnold, Die Künstlerbuchsammlung der Herzog August Bibliothek, in: Das Malerbuch des 20. Jahrhunderts. Bearbeitet von Werner Arnold. Wiesbaden 2004, S. 9–25, hier S. 21.

Abb. 4: Erhart Kästner und Martin Heidegger, Meßkirch 27.9.1959,
Foto: Lechner

Abb. 5: Erhart Kästner vor dem Rilke-Karussel im Jardin du Luxemburg, Paris ca.
1952, „und dann und wann ein weißer Elefant"

Rainer Maria Rilke: Das Karussell

Jardin du Luxemburg

Mit einem Dach und seinem Schatten dreht
sich eine kleine Weile der Bestand
von bunten Pferden, alle aus dem Land,
das lange zögert, eh es untergeht.
Zwar manche sind an Wagen angespannt,
doch alle haben Mut in ihren Mienen;
ein böser roter Löwe geht mit ihnen
und dann und wann ein weißer Elefant.

Sogar ein Hirsch ist da, ganz wie im Wald,
nur daß er einen Sattel trägt und drüber
ein kleines blaues Mädchen aufgeschnallt.

Und auf dem Löwen reitet weiß ein Junge
und hält sich mit der kleinen heißen Hand,
dieweil der Löwe Zähne zeigt und Zunge.

Und dann und wann ein weißer Elefant.

Und auf den Pferden kommen sie vorüber,
auch Mädchen, helle, diesem Pferdesprunge
fast schon entwachsen; mitten in dem Schwunge
schauen sie auf, irgendwohin, herüber –

Und dann und wann ein weißer Elefant.

Und das geht hin und eilt sich, daß es endet,
und kreist und dreht sich nur und hat kein Ziel.
Ein Rot, ein Grün, ein Grau vorbeigesendet,
ein kleines kaum begonnenes Profil –.
Und manchesmal ein Lächeln, hergewendet,
ein seliges, das blendet und verschwendet
an dieses atemlose blinde Spiel…

Aus: Neue Gedichte (1907)

Zwei Jahre später, längst in Staufen, kommt er nochmals
auf die Malerbücher zurück und schreibt am 25. August
1970 resümierend an Rolf Schneider:

> [...] Es ließ sich, vor jetzt 18 Jahren, nicht voraussehen,
> welchen Umfang und welchen Rang das Gebiet der MA-
> LERBÜCHER annehmen werde. Niemand überblickte
> das Vorhandene, niemand konnte wissen, daß die Größ-
> ten unserer Epoche sich in dem Maß literarisch einlas-
> sen würden, daß also das illustrierte große Buch ein so
> goldenes Zeitalter haben werde. Für uns in Deutsch-
> land war ohnehin alles neu. Dann aber, um 1960, voll-
> zog sich in den Köpfen, erst Weniger, dann Mehrerer ein
> Prozeß. Das so neue, so unvergleichliche Genre der MA-
> LERBÜCHER (wie ich es nannte und wie man jetzt allge-
> mein sagt) wurde klassisch. Man sah ein, daß seit DÜRER,
> CRANACH, BALDUNG-GRIEN und HOLBEIN etwas der-
> gleichen nicht mehr dagewesen war.[6]

In „An meinen Nachfolger" schildert Erhart Kästner sein
Bild von der Bibliothek, von ihrer Geschichte und ihrer zeitweiligen Vernachlässigung und ihrem Aufbruch.
Dass er unter seinen Vorgängern im Amt des Wolfenbütteler Bibliothekars eher Leibniz denn Lessing als Vorbild empfahl (S. 38), würde man heute etwas anders sehen, seit wir nicht zuletzt dank Paul Raabes Bemühungen
die bibliothekarischen Leistungen Gotthold Ephraim Lessings deutlicher und überwiegend positiv sehen.[7] Mögli-
cherweise hat sich Kästner in diesem Falle aber auch von
dem von ihm selbst gelegentlich schmerzlich empfunde-
nen Konflikt zwischen dem Amt des Bibliothekars und
der Schriftstellerei leiten lassen. Zudem war er nicht un-
beeinflusst von dem abwertenden Urteil über Lessing als

---

6 Brief an Rolf Schneider vom 25.8.1970 = EKA 6.28/2, Nr. 95.
7 Bernd Reifenberg, Lessing und die Bibliothek. Wiesbaden 1995. – Paul Raabe und Barbara Strutz, Lessings Bucherwerbungen. Göttingen 2004.

Bibliothekar, welches noch Otto von Heinemann, von 1868 bis 1904 selbst Bibliothekar in Wolfenbüttel, in seiner Geschichte der Bibliothek vorgetragen hatte,[8] für die Kästner zu Recht und ausdrücklich einen Ersatz anmahnte (s. S. 90).

Die von Kästner geforderte Beachtung der Handschriften und deren zeitgemäße Erschließung, die mit den Bibliothekaren Otto von Heinemann und Gustav Milchsack (1850–1919)[9] abgebrochen war, hatte er selbst stark gefördert, und sie hat seither einen beachtlichen weiteren Aufschwung erlebt.[10] Sein besonderes Augenmerk galt hier den Musikhandschriften, deren Katalogisierung bis heute ein Desiderat geblieben ist. Immerhin war es Kästner gelungen, den Bibliothekar und Musikwissenschaftler Wolfgang Schmieder (1901–1990) zu gewinnen, der sich mit dem bekannten Bach-Werke-Verzeichnis (BWV) von 1950 einen Namen gemacht hatte. Ihm verdanken wir die Katalogisierung der frühen Musikdrucke der Wolfenbütteler Bibliothek, deren Abschluss Kästner noch erlebte und auf die er mehrfach in seinem Text (s. S. 56, 98, 98) verweist.[11] Im Vorwort dazu schreibt Kästner:

Alte Chormusik, also Stimmbücher, sind ähnlich wie alte Landkarten zumeist stark verschmutzt, daher auch

8 Otto von Heinemann, Die Herzogliche Bibliothek zu Wolfenbüttel. Ein Beitrag zur Geschichte deutscher Büchersammlungen. Wolfenbüttel ²1894.

9 Im Jahre 1879 wurde Milchsack Bibliothekssekretär in Wolfenbüttel und 1884 Bibliothekar, bevor er 1899 den Professorentitel erhielt. Am 1. Oktober 1904 wurde er als Nachfolger Heinemanns Direktor der Herzog August Bibliothek und blieb dies bis 1919. Siehe S. 114.

10 Besonders erfreut bin ich über die Neukatalogisierung der Helmstedter Handschriften: Katalog der mittelalterlichen Helmstedter Handschriften. Teil I. Wiesbaden 2012.

11 Kataloge der Herzog-August-Bibliothek Wolfenbüttel. Die Neue Reihe. Band 12. Musik: Alte Drucke bis etwa 1750. Beschrieben von Wolfgang Schmieder. Mitarbeit von Gisela Hartwieg. Frankfurt am Main 1967.

ihre Seltenheit in Bibliotheken. Der äußere Zustand unserer ALTEN MUSIKDRUCKE war denn auch bedenklich. Besonders die Musikalien aus Sankt Stephan in Helmstedt sahen böse aus; es war übrigens eine Auflage des Vorbesitzers beim Ankauf, daß der Bestand in Wolfenbüttel restauriert werde.

So ging denn Hand in Hand mit unserer Verzeichnung die Restaurierung dieses Bestandes in der Restaurierungswerkstatt unserer Bibliothek. In mehreren Schüben wurden die Drucke Blatt für Blatt gewaschen, gereinigt, geleimt, gefärbt, Fehlstellen mit Japan ergänzt und endlich wieder alles gebunden, wobei jede Stimme ihren eigenen Einband und die zusammengehörigen Stimmen jeweils wieder einen Schuber bekamen, ein Aufwand, der sich durch den Wert, den die Sammlung ja darstellt, rechtfertigt. Dabei sollte sich jedes musikalische Werk, also Stimmen und Schuber, durch Einbandmuster und -farbe von allen anderen unterscheiden. So soll sich eine Vertauschung der Stimmbücher, die ja oft im Lesesaal oder in der Fotowerkstatt zu gleicher Zeit benutzt werden, ausschließen.[12]

Der hier nun erstmals zum Druck gebrachte Text „An meinen Nachfolger" gehört zu jener Sorte von Paratexten zur Bibliotheksgeschichte, die nicht selten unveröffentlicht geblieben sind und welche die eigenen Leistungen ihrer Verfasser ebenso wie vorgefundene Zustände oder Missstände benennen, wenn nicht anprangern, wie dies Ernst Theodor Langer, Wolfenbütteler Bibliothekar von 1781 bis 1820, gegenüber seinem Vorgänger Gotthold Ephraim Lessing tat.[13] Bereits Lessing hatte ja 1773 in sei-

---

12 Ebd., S. XIII.
13 Sein „bibliothekarisches Testament" hatte Kästner sogleich einigen Kollegen übersandt. Der Hannoveraner Kollege Wilhelm Totok schrieb bereits am 12. Oktober 1968 zustimmend an Kästner, sich auf die Ausführungen über den bibliothekarischen Berufsstand (s. S. 117–119) beziehend – und er bekräftigte sein Urteil Jahre später: „Ich bin überzeugt, daß die wenigs-

ner „Vorrede" zur ersten Publikation der auf eine Fortsetzung geplanten Reihe *Zur Geschichte und Litteratur. Aus den Schätzen der Herzoglichen Bibliothek zu Wolfenbüttel* sein Verständnis von „den Taten der Bibliothek" erläutert und sich dabei von den Auffassungen Jakob Burckhards, bis 1753 Hofrat und Bibliothekar in Wolfenbüttel, abgesetzt, die dieser in seinem 1744 erschienen Werk *Historia bibliothecae Augusteae, quae Wolfenbutteli est* [„Geschichte der Herzog August Bibliothek zu Wolfenbüttel"] dargelegt hatte.[14] Anders als Burckhard will Lessing die Bibliothek als Auskunftsquelle nutzbar machen, will ihre Schätze bekannt machen und betont: „Was einmal gedruckt ist, gehört der ganzen Welt auf ewige Zeiten. Niemand hat das Recht, es zu vertilgen."[15]

Diese Paratexte zur Bibliothek und ihrer Praxis stehen ihrerseits in einer seit der Frühzeit von Bibliotheken überhaupt lebendigen Tradition. Ihnen ist auch der Brief des Helmstedter Professors Hermann Conring (1606–1681), Polyhistor und engster Berater Herzog Augusts d. J. (1579–1666), zuzurechnen. Wie die meisten solcher Texte steht auch dieser im Zusammenhang der Bemühung, die Bestände bedeutender Sammlungen bekannt zu machen. Dieser die Sammlungen Herzog Augusts bewundernde und sie zugleich in den Kontext der großen Bibliotheken von der Antike bis in seine Zeit stellende Brief

---

ten unserer Ausschußlöwen, die große Bibliothekspolitik betreiben, auch nicht einen Bruchteil der minutiösen bibliothekarischen Aufbauarbeit geleistet haben, die Sie in diesem Bericht schildern." Andere wie der Berliner Kollege Wieland Schmidt verwahrten sich gegen Kästners Überheblichkeit. Siehe Julia Freifrau Hiller von Gaertringen, op. cit., S. 297 f.

14 Gotthold Ephraim Lessing, Werke 1770–1773. Hrsg. Von Klaus Bohnen. Frankfurt am Main 2000 (Werke und Briefe in zwölf Bänden. Bd. 7), S. 379 f.

15 Ebd., S. 449.

Hermann Conrings „De Bibliotheca Augusta quae est in
arce Wolfenbuttelensi", den er an den Mainzer Oberhof-
marschall Johann Christian von Boineburg im Frühjahr
1661 richtet, ist noch im selben Jahr in Helmstedt im
Druck erschienen.[16]

Zur Wolfenbütteler Bibliothek, ihren Sammlungen,
zum Umbau der Bibliothek und zur Sammlung der Malerbücher hat sich Erhart Kästner nicht nur in dem hier
vorgelegten Text, sondern auch zu vielen anderen Gele-
genheiten geäußert.[17] Der Text „An meinen Nachfolger"
kann jedoch eine Sonderstellung beanspruchen. Darin
geht es um den Umbau und die Neugestaltung, die Benutzung am Ort ebenso wie um die Reproduktion der
Originale und den Versand „in alle Teile der Welt" (S. 52).
Zwar ist die Bibliothek „zu nichts verpflichtet außer zu
sich selbst (S. 61), aber der Umbau soll dann doch dazu
dienen, „aus einer herzoglichen Privatbibliothek, die unter Ausschluß des Publikums existierte, ein brauchbares
Instrument der Wissenschaft und der öffentlichen Nutzung zu machen" (S. 73). Diese Formulierungen erinnern
an Lessing, in dessen Tradition sich trotz seines Bekennt-

---

16   HAB: 44.1 Rhetorica – Eine deutsche Fassung in der Übersetzung von Pe-
     ter Mortzfeld erschien erst 2005 dank des Engagements von Patricia Con-
     ring: Hermann Conring, Die Bibliotheca Augusta zu Wolfenbüttel. Zu-
     gleich über Bibliotheken überhaupt. Brief an Johann Christian Freiherrn
     von Boineburg. Aus dem Lateinischen übersetzt und herausgegeben von
     Peter Mortzfeld. Göttingen 2005. Zur Entstehungsgeschichte siehe dort
     S. 194 ff.
17   Einige dieser Texte sind abgedruckt in: Kunstwirklichkeiten: Erhart Käst-
     ner. – Bibliothekar, Schriftsteller, Sammler. Wiesbaden 1994, darun-
     ter „Über die Bibliothek zu Wolfenbüttel" (1950); „Die Bibliothek Wol-
     fenbüttel. Umgebaut von Professor Friedrich-Wilhelm Kraemer" (1967);
     „Das Malerbuch des zwanzigsten Jahrhunderts" (1968). – Siehe auch Hel-
     wig Schmidt-Glintzer (Hrsg.), Erhart Kästner. „Man reist um die Welt be-
     wohnbar zu finden" – Lebensbilder und Bewunderungen. Mit einem Essay
     von Arnold Stadler. Frankfurt am Main 2004, bes. S. 163 ff.

nisses zu Leibniz als sein bibliothekarisches Vorbild Erhart Kästner ausdrücklich stellt. Dies bekundet er bereits in seiner Antrittsrede, aber auch sonst in etlichen Texten sowie mit seinen Plänen für das Lessinghaus. Dessen Eröffnung als Literaturmuseum am 15. April 1978 mit einer Rede Jean Amérys erlebte er allerdings nicht mehr.

Immer wieder betont Erhart Kästner in dem Text die Unabgeschlossenheit seiner Neugestaltungspläne und dass er, der „vorzeitig" ging,[18] manches unfertig in die Hände seines Nachfolgers legen müsse. Auch verweist er auf manche Räume und deren Schönheit, wie im Falle des ehemaligen Kunstkabinetts (s. S. 44; s. a. S. 49, das er als den „schönsten Raum" (S. 44) bezeichnet. Dort wurden dann lange die Handschriften aufbewahrt, bis diese in den für das Evangeliar Heinrichs des Löwen gebauten klimatisierten Tresor verbracht wurden. Bedauernd vermerkt Kästner manche Maßnahmen wie die Abnahme der in alten Fotos dokumentierten „Dachbekrönung" durch die staatliche Bauverwaltung und die unterbliebene Wiederanbringung (S. 39 und S. 78 f.). Immerhin ist es mir gelungen, die Minerva über dem Hauptportal im Mittleren Fenster wieder anbringen zu lassen. Das Kernstück seines Umbaus jedoch, die Augusteerhalle, war bei Kästners Abschied vollendet, und Paul Raabe konnte im November 1968 mit einem Doppelkonzert auf zwei Flügeln mit den Pianisten Christoph Eschenbach und Justus Frantz zur Neueröffnung der umgebauten Augusteerhalle der Bibliotheca Augusta einladen.[19] Nach über 45 Jahren, im Oktober 2014, gab es in Erinnerung an dieses Datum wieder

---

18 Siehe Ingrid Recker-Kotulla, Zur Baugeschichte der Herzog August Bibliothek in Wolfenbüttel, in: Wolfenbütteler Beiträge Band 6 (1983), S. 1–73.
19 Ein Foto findet sich am Anfang von Paul Raabe, Bibliosibirsk oder Mitten in Deutschland. Jahre in Wolfenbüttel. Zürich 1992, S. 11.

einen Klavierabend des Pianisten Justus Frantz mit Werken von Mozart, Beethoven und Chopin.

Bei einem Besuch wenige Jahre später in Wolfenbüttel sah Erhart Kästner die weitere Umsetzung seiner Pläne und fand sich auch dadurch in der Wahl seines Nachfolgers bestätigt, so dass er am 27. Mai 1971 aus Staufen an Paul Raabe schreibt:

> Die Bibliothek ist strahlend geworden. Wirklich, es ist die schönste der Welt, daran ist nicht mehr zu zweifeln. Schon weil die anderen Bibliotheken gar nicht mehr wissen wollen, daß eine Bibliothek schön sein kann.
>
> Von den beiden rückwärtigen Sälen ist der Saal mit den Malerbüchern schöner, geheimnisvoller, erfüllter, als ich es voraussah und als ich es dem Foto nach wissen konnte. Er hat Reichtum; man braucht gar nicht sehr viel aufgeschlagen zu sehen. Das Fluidum ist etwas, was selbst der Architekt nicht vorausberechnen kann; hier aber ist es entstanden. Wahrscheinlich liegt das unter anderen Momenten auch an der Spannung, die zwischen Alt und Modern entsteht. [...] Vorn, der Seminar-Saal ist ebenfalls eleganter geworden, als ich voraussah, obwohl ich immer große Erwartungen in ihn setzte. Aber der Tisch ist leicht, bei seiner immensen Größe, und jedenfalls ist erreicht, daß man sich mitten in der Bücherwelt, mitten in einer lebendigen Bibliothek fühlt. Aus diesem Raum wird Ihnen viel erwachsen.[20]

Von manchen Aspekten seiner Erfahrungen als Direktor der Herzog August Bibliothek und von seinem Leben im

---

20 Zitiert nach Paul Raabe (Hrsg.), Erhart Kästner. Briefe. Frankfurt am Main 1984, S. 212, der sein Nachwort mit Goethes Satz aus dem Jahr 1805 „Briefe gehören unter die wichtigsten Denkmäler, die der einzelne Mensch hinterlassen kann." (ebd., S. 233), ein Satz, den wir inzwischen in einem weiteren Horizont sehen können. Siehe Albrecht Schöne, Der Briefschreiber Goethe. München 2015, S. 9 ff. Zur Gattung des Briefes äußert sich auch Kästner selbst, s. unten S. 89.

Direktorhaus ist in dem Text „An meinen Nachfolger"
nicht die Rede, nur von der früheren Nutzung des Direktorhauses und davon, dass das Direktorhaus als Dienst-
wohnung und nicht als landeseigene Mietwohnung an-
zusehen sei (S. 115), was durchzusetzen auch Paul Raabe
nicht gelang. Doch in Briefen an Paul Raabe wird manches vom Leben im Direktorhaus adressiert, wie in dem
Schreiben von der Insel Sylt vom 19. April 1972, in dem
Kästner seine Anfänge in den Gärten des Direktorhauses
im Jahre 1950 in Erinnerung ruft, von denen der Obstgarten inzwischen verschwunden und durch das neue Magazin besetzt ist:

> Man täuscht sich ja über seine Jahre und Kräfte. Aber als
> ich jetzt den Obstgarten betrat, wurde mir jäh bewußt,
> daß mein Vorrat an Tatkraft schmolz. Denn als ich, sechs-
> undvierzigjährig, in Wolfenbüttel anfing, stürzte ich
> mich, was den Garten anlangt (den Hauptgarten besa-
> ßen ja zunächst die langjährigen Mieter des gesamten
> Hauses, der Chirurg Hubmann, ich hatte bloß zwei obe-
> re Zimmer, es war ja Nachkrieg, und später überließ ich
> den Hauptgarten den kinderreichen Bertrams bis zu de-
> ren Auszug und Gründung der Werkstatt 1957) – : stürzte
> ich mich also auf den Obstgarten und grub ihn, weil das
> Gras ein wenig vermoost war, vollkommen und spaten-
> tief um und säte neu, unwissend, daß sich unter so alten
> Bäumen bald wieder Moos im Gras zeigen werde, und
> das Terrain für Himbeeren, die ich anlegen wollte, rigol-
> te ich sogar, also zwei Spaten tief.[21]

Tatsächlich war die Zeit in Wolfenbüttel für Erhart Kästner
in mehrfacher Hinsicht – und nicht nur bei der Bestellung

---

21 Zitiert nach Paul Raabe, op. cit., S. 222–223. Den Hinweis auf diesen
Brief verdanke ich einem Schreiben vom 21. Juli 1997 des seinerzeitigen
Präsidenten der Gesellschaft der Freunde der Herzog August Bibliothek,
Regierungspräsident a.D. Karl Wilhelm Lange. – Zum Direktorhaus s. un-
ten S. 113–115.

des Gartens – eine Zeit des Lernens und neuer Einsichten.
Die Bedeutung und das Gewicht der Bibliothek allerdings
war ihm von Anfang an bewusst, wie seine Antrittsrede
am 1. März 1950 bekundet. Zu den von ihm eingeleite-
ten Neuerungen gehört die Einrichtung einer Restaurier-
werkstatt, die zum Vorbild für ähnliche Einrichtungen in
aller Welt wurde. Er hatte sich früh Sorgen machen müssen über Klima, Schädlinge und Schimmelbefall. So wand-
te er sich schon 1954 an die Firma Schering in Wolfenbüttel. Von dort schrieb man ihm am 4. April 1954:

> Wir bestätigen mit bestem Dank den Eingang Ihrer An-
> frage vom 27.3. und möchten Ihnen dazu folgende Stel-
> lungnahme übermitteln:
>
> Das eingesandte Material besteht aus Larven und Kä-
> fern des gemeinen Pochkäfers, Anobium striatum und
> enthält außerdem eine Kabinettkäfer-Larve, Anthrenus.
> Anobium ist an sich ein Holzschädling, der aber alle
> möglichen Arten verarbeiteten Holzes und somit auch
> Bücher befallen kann. Um hier eine wirksame Bekämp-
> fung durchzuführen, müßte zunächst geklärt werden, ob
> der Befall nicht von den Bücherregalen ausgeht und sich
> nur sekundär auch auf die Bücher selbst erstreckt. Im er-
> steren Falle wäre vor allem eine Behandlung der Rega-
> le mit regelrechten Holzschutzmitteln (vergl. Mittelver-
> zeichnis der BBA) anzuraten. Bezüglich der Bücher selbst
> wäre vorzuschlagen, die stärksten Befallsherde zunächst
> dadurch zu liquidieren, daß diese Bücher in einem ge-
> schlossenen Kasten o.ä. begast werden (z.B. Schwefel-
> kohlenstoff oder Tetrachlorkohlenstoff). Zusätzlich wür-
> de zweckmäßigerweise eine Raumbehandlung derart
> durchgeführt, daß
>
> 1. der Raum mit Räuchertabletten zu behandeln wäre.
> Dosierung 4 Tabletten/50 m3. Befallsherde dabei mög-
> lichst freilegen, da der Rauch nur geringes Eindringungs-
> vermögen besitzt.
>
> [...]

Zwei Jahre später, am 13. Juli 1956, schreibt Kästner an die Schering AG in Wolfenbüttel:

> würden Sie die Güte haben und Ihren Brief, d.h. den Brief von Herrn Dr. Hinz an die Bibliothek vom 2.4.1954, heraussuchen zu lassen und mir zu sagen, welche Räuchertabletten Herr Dr. Hinz in seinem mit 1. bezeichneten Absatz wohl gemeint haben könnte.
>
> Es ist nämlich so, daß in diesem verflixten Insektensommer ein solcher Anfall von Anobium hier im Haus ist – also den Käfern, die Larven, die Bücherwürmer werden nicht ausbleiben – daß ich etwas tun muß. Wahrscheinlich hängen unsere beiden Malheurs, Schimmel wie Anobium, mit der abnormen Feuchtigkeit dieser Jahre zusammen. Gegen die Käfer mit Räuchertabletten etwas auszurichten, dürfte vermutlich weniger schwer sein als der Kampf gegen den Schimmel. Ich müßte bloß wissen, welche Räuchertabletten.
>
> Ich grüße Sie herzlich, Ihr ergebener
> Kästner

Am 27. April 1956 bereits hatte der Verein deutscher Bibliothekare ein Schreiben an alle wissenschaftlichen Bibliotheken gesandt mit einer Liste von Einbandrestauratoren. Erhart Kästner versah sie mit Anmerkungen, markierte bemerkenswerte Werkstätten – auch solche, die er für „unmöglich" hielt – und fügte eigene Namen hinzu, Eva Aschoff, Frida Schoy und Anita Vogel. Eva Aschoff beauftragte er bald. Am 1.11.57 schrieb er ihr nach Freiburg i. Br.:

> Liebe Frau Aschoff,
>
> ich glaubte, ich hätte Ihnen auf Ihre Sendung geschrieben; verzeihen Sie, daß dies nicht geschah. Finck: „Practica" gefällt mir am besten. Zwar ist das alte weiße Leder etwas glasig und hart geworden, es war so schön rauh, aber die Ausschärfungen und alles andere lassen nicht

das Geringste zu wünschen übrig. Sind die Bändchen nicht etwas grün?

Der „Deutsche Psalter" ist ganz vorzüglich geworden und kann sich auch als moderner Einband um ein altes Buch wohl sehen lassen. Ob man nicht das Blinddruck-ornament auf dem Rücken hätte weglassen können? Auch das Schachbuch von Gustav Selenus ist schön ge-worden. Bloß steht das alte Pergament, dort wo der Rük-ken beginnt und wo unterlegt ist, leider auf.

Der Betrag ist schon angewiesen.

Ich grüße Sie, Ihr
Kästner

Am 4. November 1957 antwortete Frau Aschoff, Werk-statt für Handeinbände:

Sehr geehrter Herr Kästner,

es beunruhigt mich sehr, dass sich beim Rücken des Schachbuches das Pergament löst. Bitte schicken Sie mir das Buch zurück, ich will es in Ordnung bringen.

Natürlich finde auch ich die Bänder zu grün. Aber in Freiburg konnte ich – in der passenden Breite und auch Haltbarkeit – keine anderen auftreiben. Wir versuchten noch, die Bänder nachzufärben, aber das grelle Grün kam wieder durch. [usw.]

Am 7. November 1957 erwidert Kästner:

Liebe Frau Aschoff,

gewiß werde ich Ihnen, wenn ich wieder bei Geld bin, neue Bände zum Restaurieren schicken. Der Schaden beim Schachbuch ist nicht so groß, daß ich den Band noch einmal hinsenden möchte.

Ihr
Kästner

Der Durchbruch kam, als Kästner mit Schreiben vom 15. Februar 1957 Anita Vogel (s. **Abb. 27**, S. 69) in seine Bemühungen zur Erhaltung der Bestände einbezog. Sie antwortete, gerade mit Restaurierungsarbeiten in den Fürstlich Fürstenbergischen Sammlungen in Donaueschingen beschäftigt, am 18. Februar; nachdem sie im April wieder in Hannover ist, wo sie ihre Restaurierungswerkstatt betreibt, kommt es Anfang Mai 1957 zu einem Besuch Anita Vogels in Wolfenbüttel, und es findet sich der Vermerk:

Fräulein Anita Vogel, Hannover, Jahnplatz 9, hat am 9. Mai 1957 persönlich zur Restaurierung erhalten:
Ptolemäus: Cosmographica. 1482.

Am 26. Mai 1957 schreibt sie an den Wolfenbütteler Bibliotheksdirektor:

Lieber Herr Dr. Kästner,

für Ihre freundlichen Zeilen vom 13. Mai herzlichen Dank. Inzwischen habe ich nun den Ptolemäus in Angriff genommen und mußte feststellen, daß er mir sehr viel Arbeit machen wird. Unter den überklebten Streifen sitzt jeweils eine scheußliche Schicht Leim, die im Papier schon starke, braune Verfärbungen hinterlassen hat. Es ist eine Geduldsprobe die unzähligen Überklebungen abzulösen. Unter dem Buchrücken kam übrigens ein verhältnismäßig großes Fragment einer Pergamenthandschrift zum Vorschein. Nach vorsichtiger Befreiung vom Leim ist die Schrift gut lesbar.

Ich möchte mich über den weiteren Arbeitsgang gern noch einmal mit Ihnen unterhalten, würde Ihnen eventuell Freitag der 31.5. recht sein? Sonst könnte ich erst Anfang der nächsten Woche kommen.

Für einen kurzen Bescheid wäre ich Ihnen sehr dankbar.

Mit herzlichen Grüßen
Ihre Anita Vogel

Anita Vogel wird zur Beraterin. – Am 26.8.1957 trägt er ihr seine alte Sorge vor, den Schimmel betreffend, nachdem ihm deutlich geworden war, dass man die Luftfeuchtigkeit nur richtig kontrollieren müsste, um der Sache Herr zu werden:

> Liebes Fräulein Vogel,
>
> allerherzlichsten Dank für Ihre Sorge. Herr von Arnim hat angerufen und schickt heute den Prospekt. Ich habe ihn aufmerksam gelesen, und nun auch Ihren Bericht aus Bern. Die Sache scheint für uns wichtig zu sein; der Schimmel im Haus macht mir seit langem Sorge und hier käme man auf verhältnismäßig billige Weise davon.
>
> Ich werde mit Herrn von Arnim vereinbaren, daß er uns einen Apparat zum Ausprobieren leihweise hierher stellt und werde mir gleichzeitig einige Hygrometer kaufen, um zu sehen, wie das Ding einwirkt. Dazu wüßte ich aber gerne: welcher Feuchtigkeitsgrad ist für Papier und Pergament, also für eine Bibliothek, normal? gerade noch erträglich? schädlich? Haben Sie da Zahlen im Kopf oder könnten Sie mir sagen, wo ich sie finde?
>
> Ich hoffe, wir sehen uns bald.
>
> Herzlich wie immer, Ihr
> Kästner

Kästner blieb auf der Suche und suchte Lösungen für spezielle Restaurierungsaufgaben. Am 11. Dezember 1958 schrieb er an Dr. Sigrid Müller im Bayerischen Nationalmuseum:

> Verehrte gnädige Frau,
>
> ich bin im Begriff, eine Handschrift des 13. Jahrhunderts, mit Miniaturen, aus Kloster Wöltingerode zum Restaurieren zu geben. Der Einband sieht schlimmer aus als das Innere.

Nun restauriere ich, solange ich eine eigene Werkstatt nicht habe, am liebsten mit Frau Frida Schoy, Werkkunstschule in Essen, die vorzüglich arbeitet. Der vorliegende Einband aber ist gestickt: Holzdeckel, mit einem gestickten Stoff überzogen, vorn thronender Christus, hinten Maria mit dem Kind. Ich hatte zuerst die Vorstellung, daß Frau Schoy den Band auseinandernehmen könne und Ihnen dann etwa die Deckel anzuvertrauen sein würden. Aber der Altgraf Salm rät mir, Ihnen doch lieber gleich den Band so wie er ist zuzusenden.

Ich frage Sie, gnädige Frau, also, ob ich das tun darf. Oder wie würde es Ihnen am liebsten sein? Ich würde vorschlagen, daß ich Ihnen den Band schicke und daß wir dann sehen, was weiter zu tun ist.

Mit den ergebensten Empfehlungen, Ihr
Kästner

Inzwischen hatten Erhart Kästner und Anita Vogel geheiratet – am 4. Dezember 1957 – und am 14. November 1959 kam die Tochter Nikoline im Obergeschoss des Direktorhauses zur Welt. Die Wohnung in der Beletage wurde frei, und die Restaurierungswerkstatt konnte nun so eingerichtet werden, dass „Naß und Trocken und Bunt von einander räumlich getrennt" und weiteres Personal eingestellt werden konnte. (S. 97). Bei seinen Bemühungen und nicht zuletzt bei der Einwerbung der Mittel hatten ihm Empfehlungen des Wissenschaftsrates und namentlich das Votum Carl Wehmers (1903–1978), des Heidelberger Bibliotheksdirektors, geholfen (s. S. 48 und 97). Dieser war übrigens ein von manchen der Beteiligten favorisierter Mitbewerber Kästners um die Stelle des Direktors der Herzog August Bibliothek gewesen.[22] Auf ihn berief sich Kästner auch bei den Plänen zu einem ge-

---

22 Siehe Julia Freifrau Hiller von Gaertringen, op. cit., S. 49.

druckten Katalog der in Wolfenbüttel befindlichen Drucke (s. S. 56 und 86). Zur Festschrift von Karl Wehmer zu
dessen 60. Geburtstag im Jahre 1963 hatte Kästner einen
Beitrag mit dem bemerkenswerten Titel „Über das bibliothekarische Mißvergnügen" beigesteuert.[23]

Nach Erhart Kästners Amtszeit und der Übersiedlung
am 16. Oktober 1968 nach Staufen im Breisgau[24] wurde
in Wolfenbüttel weiter geplant, zusammen mit dem Architekten Friedrich-Wilhelm Kraemer und dessen Braun-
schweiger Büro. Es entstand Schritt für Schritt das Bi-
bliotheksquartier so wie es sich heute noch darstellt. Der
Kornspeicher kam bald hinzu und erwies sich dann doch
nicht als geeignet zur Aufnahme alter Bestände. Dies
führte zu dem neuen Magazin im Obstgarten. Die be-
stehenden Häuser erfordern weiter viel Einsatz und auch
Investitionen; die Fotowerkstatt bedarf einer neuen Un-
terbringung. Die Gästehäuser für die Stipendiaten bedürfen dringend der Modernisierung. Denn es hat sich ge-
zeigt, dass Reproduktionen der Bestände, früher analoge
Fotografien (s. S. 52), heute Digitalisate, in alle Welt gehen, dass die Benutzung vor Ort aber attraktiv bleibt, und
insbesondere das lebendige insbesondere von den Stipen-
diatinnen und Stipendiaten und von den an Projekten Beteiligten getragene Forschungsmilieu in hohem Maße seine Attraktivität gesteigert hat.

23 Erhart Kästner, Über das bibliothekarische Mißvergnügen und noch ein
    zweiter Traktat, in: Bibliotheca docet. Festgabe für Carl Wehmer. Hrsg. von
    Siegfried Joost. Amsterdam 1963, S. 295–302.
24 Zum Leben dort und ihrer Arbeit als Papierrestauratorin hat Anita Käst-
    ner einen lesenswerten Text verfasst: „Die Sorge um die Zukunft schwächt
    mich nur für den Augenblick". Anita Kästner 1924–2011 – Papierrestau-
    ratorin, in: Ute Karen Seggelke, Wir haben viel erlebt! Jahrhundertfrauen
    erzählen aus ihrem Leben. Berlin 2013, S. 67–73.

Erschließung und das Schließen von Lücken sind wie jeher Aufgabe geblieben, so im Zuge nationalbibliographischer Unternehmungen wie bei dem Verzeichnis im deutschen Sprachraum erschienener Drucke (VD) des 16. Jahrhunderts (= VD 16), beim VD 17 und nun auch bei dem VD 18. Die von Erhart Kästner angemahnten Zukäufe sind in neue Bahnen gelenkt und werden weiter verfolgt. Die von ihm geforderte Erweiterung der Sammlungen hat mit dem Projekt der „Sammlung deutscher Drucke" (SDD) und einer erweiterten retrospektiven Altbestandsergänzung seit Jahren eine stete Realisierung erfahren, und nicht zuletzt auf dem Gebiet der Handschriftensammlungen ist es nicht nur zu nennenswerten Erwerbungen, sondern auch zu einer von Erhart Kästner angemahnten intensivierten Erschließung gekommen. Die Aufgabe aber bleibt auch für die Zukunft, auf die Taten der Bibliothek zu sehen. Darauf richtete sich die Sorge all derer, die für die Wolfenbütteler Bibliothek Verantwortung trugen. Diese Sorge, wie die Bestände der Wolfenbütteler Bibliothek der Wissenschaft nutzbar gemacht werden könnten, bewegte bereits Hermann Conring, dann aber auch Leibniz und Lessing und alle weiteren bis hin zu Erhart Kästner und Paul Raabe. Sie alle empfanden wie Erhart Kästner, dass sie diese Sorge und Verantwortung als „Last mit der Zeit stärker spüren, seltsamerweise, nicht schwächer." (S. 120) Umso größer aber wird auch die Freude empfunden über die Ausstrahlung dieser „schönsten Bibliothek der Welt".

[ ]   Ergänzungen
< >   Tilgungen

Vorher, zu herzoglichen Zeiten war sie nicht schlecht dotiert gewesen; die Sammlung war ja der Stolz des Herzoghauses. Doch ging man darin wiederum nicht so weit, daß man das Ererbte nach einem Entwurf planvoll vermehrt hätte. Die Bibliothekare selber, in die Sichtung und Ordnung des alten Bestandes, besonders der Handschriften, vertieft und darin Bedeutendes leistend, scheinen ein Konzept der Vermehrung nicht entwickelt zu haben. Ja, wie man mir erzählt hat, ließ man, um der Hofkasse zu Diensten zu sein, am Jahresende Erwerbungssummen zurückströmen.

Noch immer spukte die Vorstellung, die leider zuerst Lessing hatte: man möge die Wolfenbütteler Bibliothek als ein Museum abschließen, den alten Bestand so belassen. Als ob ein solches Konzept (freilich angenehm zu hören für Verwaltungsohren) sich mit dem Gedanken einer Büchersammlung vertrüge. Als ob eine Bibliothek, die nicht wächst, nicht unheimlich schnell abstürbe. Als ob dies den Vorstellungen des anderen großen Leiters, Leibniz, nicht zuwider liefe. An ihn, nicht an Lessing, muß ein künftiger Leiter sich halten.

Nach dem ersten Krieg dieses Jahrhunderts und den Nachkriegsjahren unklarer Besitzverhältnisse setzte die dürftigste Zeit in der Geschichte dieser Bibliothek ein. Dem alten Land Braunschweig muß das großartige Erbe lästig gewesen sein. Der Gedanke, es werde Anderen jenseits der Landesgrenzen zugutkommen, muß völlig jenseits der braunschweigischen Vorstellungen gelegen haben: ein schlagendes Argument gegen den Föderalismus in Kulturdingen.

Im Lauf der zwanziger Jahre gab es Auseinandersetzungen zwischen dem Herzoghaus und dem Land. Es muß eine Rolle gespielt haben, daß die Bibliothek aus der Privatschatulle des herzoglichen Hauses unterhalten worden sei (wer diese Privatschatulle gefüllt hatte,

Abb. 6: Die Bibliotheca Augusta, Gesamtansicht, um 1910

wurde nicht gefragt, die Argumente sind heute kaum noch verständlich). Es kam zur Gründung einer Stiftung (Museum- und Bibliotheksstiftung) 1927 und 1943, deren Akten beim Präsidenten des Verwaltungsbezirks Braunschweig liegen (bei den Dezernatsakten, etwa 3 Bände; später werden diese Akten an das hiesige Staatsarchiv abgegeben werden). Wenn die Geschichte unserer Bibliothek neu geschrieben wird, sind diese Akten heranzuziehen.

Es ist nicht zu sagen, wieviel Kummer mir diese Stiftung im Lauf der fünfziger Jahre gemacht hat, bis es dahin kam, daß sie mehr und mehr abstarb. Erst im Jahr 1968 (20. Februar) wurde auf Betreiben von Ministerialdirigent Schneider durch einen Notvorstand unter Vorsitz von Präsident Thiele in Braunschweig ein Antrag zur Auflösung der Stiftung beschlossen. Der Landtag soll diese Auflösung im Jahr 1970 vollziehen.

Wer die Geschichte der Bibliothek in der ersten Hälfte dieses Jahrhunderts schreiben wird, wird die Belege auffinden, daß diese Stiftung einen jährlichen Vermehrungsetat von etwa 4.000 RM für ausreichend hielt, auch in den dreißiger Jahren, als das Geld in Deutschland billig zu werden begann. Gelegentlich sank der Anschaffungsetat auch auf 2.000 RM ab: ein Skandal ohne gleichen. Die Bibliothek vegetierte eben so hin. Sie machte keinerlei Anstrengung, sich auszuzeichnen, vermehrte sich kaum, hatte keinerlei Interesse, eine Rolle zu spielen; sie schonte sich eben. Sie scheint sich ein wenig durch Dublettenverkäufe bereichert zu haben, in der Weise, die ich für verwerflich halte, indem für alte Dubletten neue Gebrauchsliteratur angeschafft wurde. Über die Geschicke der Bibliothek befand ein sechsköpfiger Stiftungsrat, dem auch der Herzog noch angehörte; noch zu meiner Amtseinweisung erschien der würdige Herzog Ernst August. Das übrige Gremium setzte sich so provinziell wie nur möglich zusammen, wie es bei solchen Stiftungen zwangsläufig ist, zum Beispiel heutigen Tags noch in Coburg, wo Sammlungen von europäischem Rang in den Händen pensionierter Obersten und ähnlicher Kompetenzen sind, die über Personalfragen und Anschaffungsfragen entscheiden. So ging das bis zum Jahr 1950. Es war der Zustand, den ich vorfand und der sich, der Gesinnung nach, noch jahrelang hielt, bis ich ihn mit viel, viel Zank abbaute.

Durch die Gründung des Landes Niedersachsen auf Befehl der Besatzungsmächte nach dem zweiten Weltkrieg und den Bankrott der Stiftung mußte der Haushalt des Landes Niedersachsen für die beiden herzoglichen Sammlungen in Braunschweig und Wolfenbüttel, also das Herzog Anton-Ulrich-Museum und unsere Bibliothek einspringen. Es war die Rettung, denn nun ergab sich die Möglichkeit, unsere Bibliothek in größerem

Rahmen, im Rahmen des Landes und somit im Spiel der deutschen Bibliotheken zu sehen.

Es ist ein exemplarischer Fall und ich meine, es ergäben sich daraus Lehren, die über den Fall der Wolfenbütteler Bibliothek hinausgehen:

1) wie schädlich es ist, wenn kulturelle Institutionen von überprovinziellem Rang der provinziellen Verwaltung eingezwängt werden. Man hat im Parlamentarischen Rat der vierziger Jahre erwogen, die Gebiete kultureller Selbständigkeit noch viel enger als die unserer jetzigen Länder zu machen; man rechnete mit der Bereitwilligkeit der Provinzen, im Geben und im Nehmen zu wetteifern. An einem Beispiel wie Wolfenbüttel wird klar, was dies für eine katastrophale Fehlrechnung wäre. Provinzielle Hoheit würde das Ende solcher Institutionen sein, die ihrer Gründung nach auf Weltformat angelegt sind.

2) Der Instanzenweg über Braunschweig bis zu einer eingetroffenen Antwort dauert 4 Wochen; das abzuwarten ist in manchen Fällen unmöglich. Solange Herr Ministerialdirigent Schneider im Amt ist, ist mir direkte briefliche, telefonische und persönliche Verbindung erlaubt worden, übrigens auch früher. Dieses Gewohnheitsrecht zu verteidigen, muß ich unbedingt raten. Auch empfehlen, von dieser unbürokratischen Gunst sparsam Gebrauch zu machen.

Ich gebe zu Protokoll, daß mir vor Jahren Herr Minister Voigt persönlich diese direkte Verbindung nicht nur gestattete, sondern geradezu auftrug. Als ich im Gespräch mit ihm bemerkte, daß es mir von der Braunschweigischen Mittelinstanz nicht erlaubt werde, in sein Ministerium zu gehen, erwiderte er: „Sie werden sich doch nicht das Betreten des Kultusministeriums verbieten lassen, das steht Ihnen selbstverständlich frei".

Ich bemerke noch, daß von den drei sogenannten
Landesbibliotheken in Niedersachsen die Landesbibliothek in Hannover keine Mittelinstanz hat und in
jedem Fall direkt mit dem Kultusministerium verkehrt.
Das ist ein bedeutender Vorteil und ein Argument für
uns, auch uns den direkten Weg offen zu halten.

Profil

Für eine Bibliothek wie Wolfenbüttel wäre es das Fal-
scheste, wenn sie in Erwerbung und Gebahren in Konkurrenz mit den Universitätsbibliotheken treten würde.
Sie muß sich vielmehr genau und angestrengt darauf be-
sinnen, Unternehmungen zu starten, die sie von jenen
abheben, die jene nicht tun können oder nicht wollen.
Der Umstand, daß die (sogenannten) Landesbibliotheken ihr Profil nicht entwickeln, ist unter anderem daran
schuld, daß sie ins Hintertreffen gerieten. Die (sogenannten) Landesbibliotheken haben ihr Selbstbewußt-
sein verloren.

Ich wählte fünf Momente, durch die ich unserer Bibliothek ein unverwechselbares Profil zu geben versuchte (zu dem ererbten, versteht sich). Ich versuchte,
1) durch die MUSEALEN RÄUME, also durch die HALLE[1]
und die drei anschließenden RÄUME, wozu als fünfter der ähnlich behandelte RAUM DER MITTELAL-
TERLICHEN HANDSCHRIFTEN kommt, die Bibliothek
schaubar zu machen. Ich gab den Handschriften
nicht, wie es sonst für HANDSCHRIFTEN und Rara
üblich ist, einen Raum irgendwo im Gebäude als An-

---

1 Über die Absichten, die Professor Kraemer und mich beim Umbau der AUGUSTEERHALLE leiteten, habe ich in der Zeitschrift
BRAUNSCHWEIG Heft 1/58 einiges gesagt.

Abb. 7: Hauptsaal in der Bibliotheca Augusta, Foto, um 1910

Abb. 8: Bibelkabinett in der Bibliotheca Augusta, vor dem Umbau durch
Friedrich Wilhelm Kraemer, Foto, um 1910

nex, der im Grundriss kaum mitspricht. Die Bestände
in Wolfenbüttel werden sich nach dem Umbau im
Grundriß so darbieten, wie es ihrem Rang und Alter
zukommt. Die Sammlung der achttausend mittelalterlichen Handschriften wurde in dem zentral gele-
genen, mittleren Hauptraum im ersten Stockwerk der
Südfront in Galerien übereinander so aufgestellt, daß
man sie in ihrer Fülle überblicken kann; der Raum,
der über dem Vestibül liegt, auf Schloß, Lessinghaus
und den Bibliothekspark ausblickend, kann als der
schönste und ehrenvollste Raum gelten.
Mittelachse und nördliche Querseite des Hauses füllen alsdann die 120.000 Pergamentbände[2] des Her-

2 (bibliographischer Zählung)

Abb. 9: Handschriftensaal in der Bibliotheca Augusta, Foto, um 1910

zogs August (1604–1666), dem die Bibliothek ihren Namen verdankt. Es sind vier Säle: die große Mittelhalle des Hauses, die bisher ungenutzt war und aus der jetzt eine Treppe in die Nordsäle hinabführt. Der schrullige Umstand, daß der Herzog seine Sammlung in zwanzig Divisionen jeweils nach ihrer Größe aufgestellt hat, bot dem Architekten die Chance, geschlossene Bücherwände zu bauen. Was so geordnet ist, im Sinne der alten Saalbibliothek also, wollte auch wieder so aufgestellt werden.

Ich hatte den Wunsch, den Typus einer alten Bibliothek rein darzustellen, einen Typus, der von den Universitätsbibliotheken, die notgedrungen fast nur noch im Funktionellen denken, zu unrecht abgedrängt ist. Eine alte Bibliothek, ein gebautes Gedächtnis, ein Ge-

Abb. 10: Salzdahlumer Zimmer in der Bibliotheca Augusta, Foto, um 1910

häuse, das nicht nur benutzt, sondern auch besucht, begangen, beschaut werden kann, eine Sammlung, deren Sinn in den Quellen liegt: sollte das nicht im Gesamten der Bibliotheken des Landes einmal auch baulich dargestellt werden?

Wer mir sagen würde (es wurde mir noch nicht gesagt, aber es könnte), daß ich den Typus der alten Saalbibliothek gebaut habe und also ein Romantiker sei, dem müßte ich erwidern, daß der barocke, in zwanzig Divisionen der Größe nach aufgestellte Bestand eben diese Aufstellung verlangte.

Obwohl diese Raumgruppe bei meinem Abschied noch nicht fertig wird, zeichnet sich ab, daß sie unserer Bibliothek viel Publizität einbringt. Das wird sich steigern. Auf die Führungen muß also großer Wert gelegt, viel Mühe verwandt werden; es lohnt sich. Diese Ausstrahlung kommt auf die Bibliothek wieder zurück, unausbleiblich.

Abb. 11: Lessingzimmer in der Bibliotheca Augusta, Foto, um 1910

Auch Abende sollten in der Halle veranstaltet werden.

In diesem Zusammenhang, besonders im Hinblick auf zu veranstaltende Abende, an welchen das Publikum nach einem Vortrag in den vier Sälen fluten kann, bemerke ich, daß bei der Weiterführung des Umbaus streng darauf zu achten ist, daß die unteren Büchergeschosse <u>hinter Glas kommen</u>. Barrieren genügen nicht. Sie genügen auch nicht in der Augusteerhalle, obwohl hier bei dem Riesenfach THEOLOGICA untenhin nur Großformate zu stehen kamen, die sich selbst schützen. Das ist weder bei Poetica, noch bei Ethica, noch bei den kleineren Fächern in den Räumen 116 und 118 der Fall. Überall also, auch in der Augusteerhalle, müssen nachträglich noch Glaswände kommen. Kämen sie nicht, so bedürfte es bei jeder offenen Veranstaltung eines zu großen personellen Aufwands. Das geht nicht.

2) Die Restaurierung ist ein weiteres Moment, wodurch
sich unsere Bibliothek eine Sonderrolle zuspielen
kann. Es war ein Gedanke von WEHMER, in Wolfenbüttel eine Restaurierungswerkstatt überregionaler
Art zu schaffen, so daß man allgemein weiß: für Süd-
deutschland restauriert München, für Norddeutsch-
land Wolfenbüttel. Es hat keinen Sinn, daß jede
Bibliothek bloß weil sie hört, daß hier Restauratoren
nach BAT Vb bezahlt werden, plötzlich auch den
Ehrgeiz fühlt, einen Buchbinder nach Vb zu besitzen
und ihn Restaurator zu nennen. Das Gebiet ist <u>sehr</u>
schwierig.

Handwerker wollen ständig beauftragt, angehalten,
kritisiert, ermuntert und gelobt werden, sonst be-
kommt man von einem Handwerker niemals Höchst-
leistungen. Der Restaurierung muß also viel Aufmerk-
samkeit und viel Zeit zugewandt werden. Auch muß
ihre Arbeit theoretisch unterbaut werden, woran es
fehlt. Unter Bibliothekaren jemanden mit Augen zu
finden, ist schwer; es sind meist augenlose Gesellen.

Es scheint mir sicher, daß die beiden Begriffe WOL-
FENBÜTTEL und RESTAURIERUNG sich in der Vorstellung der Öffentlichkeit und der Fachwelt gut reimen
werden.

3) Ich nahm die Reihe unserer alten Wolfenbütteler
Handschriftenkataloge als KATALOGE DER HERZOG
AUGUST BIBLIOTHEK WOLFENBÜTTEL, NEUE FOLGE
wieder auf.

Der letzte Band der ALTEN REIHE war 1913 erschienen. Die Arbeiten am ersten Band der NEUEN REIHE
(= am 10. Band der GANZEN FOLGE) begannen als-
bald nach meinem Antritt, 1950. 1964, also nach zehn
Jahren ernster Vorarbeit, war die Neubeschreibung
der WEISSENBURGER von BUTZMANN abgeschlos-
sen.

Abb. 12: Kunstsaal in der Bibliotheca Augusta mit Blick in die große Mittelhalle, Foto, um 1900

Während meiner Zeit erschienen vier Bände: der GANZEN FOLGE Band 10–13, zwei weitere sind in Arbeit. Der 14. wird noch zu meiner Zeit in Druck gehen, der 15. wird noch ein Jahr dauern.

An weiteren Bänden sind geplant und vielfach besprochen, auch mit dem Verleger Klostermann, der zuletzt am 1. April 1968 hier war und an dem ganzen Unternehmen interessiert ist:

a) ein BILDBAND, Kostbarkeiten, auch Bau und Geschichte unserer Bibliothek. Dieser Band ist eine Lieblingsidee des Herrn Ministerialdirigenten SCHNEIDER. Zuschüsse für einen solchen Band sind sowohl vom Land als von VW leicht zu bekommen. Dr. Butzmann hat für diesen Band bereits Vorstellungen.

Abb. 13: Lessinghaus, Foto, um 1900

b) es wäre sehr schön, wenn zugleich mit diesem
   Bande eine neugeschriebene Geschichte unserer Bibliothek vorgelegt werden könnte. Da Herr
   MILDE als eine seiner ersten Aufgaben die Ordnung des Bibliotheksarchivs hat, käme er als Verfasser in Frage. Es wäre gut, das solange in Angriff
   zu nehmen, als Dr. Butzmann, Träger vieler Kennt-
   nisse aus der Geschichte unserer Bibliothek, noch
   zur Hand ist.

c) an den AUTOGRAPHEN wird seit 1965 gearbeitet;
   darüber in einem eigenen Abschnitt.

d) über die MUSIKHANDSCHRIFTEN in einem eigenen Abschnitt.

e) über den Plan eines ALPHABETISCHEN KATALOGS
   unserer Bestände bis 1700 in einem eigenen Abschnitt.

4) Daß eine enge Verbindung des LESSINGHAUSES als Dichterhaus und als Gästehaus das Vorstellungsbild unserer Bibliothek in der Öffentlichkeit stark prägen würde, war immer klar. Daß es erst am Schluß meiner Amtszeit gelang, das Bauamt hinauszubringen und zu erreichen, [daß] das Lessinghaus <der> als zur Bibliothek gehörig erklärt wird, daß ich also diese Aufgabe, die ich mir sogleich nach meinem Amtsantritt stellte, nur anbahnen konnte, soll meine Freude nicht mindern. Ich hätte die schöne und dankbare Aufgabe, das Haus als Museum, als Gästehaus einzurichten, gern noch gemacht, bin aber glücklich, daß es nun überhaupt geht.

5) Mit der Sammlung von MALERBÜCHERN ist unsere Bibliothek allen anderen deutschen Bibliotheken so weit voraus, daß sie keine andere unter den deutschen Bibliotheken, auch nicht Berlin und München, je werden einholen können, außer mit übertriebenen Mitteln. Auch darüber in einem eigenen Abschnitt.[3]

Mit diesen fünf Momenten versuchte ich unserer Bibliothek ein Profil zu geben, das sie von vielen anderen Bibliotheken abhebt, besonders aber von den Hochschulbibliotheken, die zu Unrecht den Ton im deutschen Bibliothekswesen angeben, so tun, als wären überhaupt nur sie da, während doch viele unter ihnen als Sammlungen von Originalen und Quellen keinen Vergleich mit Wolfenbüttel aushalten, viel eher Magazine von Sekundärliteratur sind, die schnell veraltet, so daß sich solche Bibliotheken immerfort selber vernichten, ein gespenstischer Vorgang.

---

3   Im Augenblick dieser Niederschrift, Juli 1968, sind MALERBÜCHER aus unserem Besitz zu gleicher Zeit an vier verschiedenen Ausstellungen in vier Städten verliehen. Man weiß schon jetzt in der breiten Öffentlichkeit, daß man diese Dinge hier findet. Das wird sich noch steigern.

Ich möchte meinen, daß viele der (sogenannten) Landesbibliotheken ihre Chance nicht kennen. Sie sollten Dinge betreiben, die an den Universitäten nicht getan werden können.

Durch diese fünf Momente wollte ich den Charakter unserer Bibliothek als einer alten, verehrungswürdigen und zugleich modernen, lebendigen, tätigen Sammlung darstellen.

Über die Effizienz

unserer Bibliothek sich Sorgen zu machen, wäre unnötig. Gewiß, die Standardfrage fremder Besucher lautet: „Und wem dient diese fabelhafte Bibliothek an einem so abgelegenen Ort? der keine Universität hat? und auch nicht so viel Bildungspublikum wie eine Großstadt?" (Vorausgesetzt, daß es so etwas wie ein Bildungspublikum dort noch gibt.)

Aber die Benutzung am Ort ist nicht das, wodurch sich der Etat dieser Bibliothek rechtfertigt. Die lokale Benutzung muß so mitlaufen. Auch die Besichtigung des musealen Teils unserer Bibliothek, eine Benutzung, die andere Bibliotheken freilich in dieser Ziffer nicht aufweisen, kann nur ein Nebenbei sein, wenn auch ein wirksames: sobald das Lessinghaus zur Bibliothek kommen wird, wird sich dieses Moment noch verstärken.

Ihre eigentliche Existenzberechtigung aber erweist diese Bibliothek durch den auswärtigen Leihverkehr und durch die Fotowerkstatt. Ein Blick auf die Fotozahlen (die sich durch die abgeführten Beträge an die Landeskasse erhärten), tilgt jeden Zweifel. Wenn die Fotowerkstatt alljährlich in alle Teile der Welt 50 – 60.000 bestellte Mikros, Planfilmaufnahmen und Ektachrome von Quellenwert senden muß, so wäre die

Abb. 14: Süd-Ost-Ansicht der Bibliotheca Augusta, Foto: H. Heidersberger, Anf. 1962

Abb. 15: Südfront der Bibliotheca Augusta, Foto: G. Stoletzki, Jan. 1962

Abb. 19: Halle, Ostseite, Foto: H. Heidersberger, Anf. 1962

und SCHMIEDER-NUMMER bestellt.) Dies geschieht mehr aus dem Ausland als aus dem Inland oder gar aus lokaler Nähe. Dasselbe gilt für die mittelalterlichen Handschriften und für andere Fächer, die Rara und Rarissima enthalten. Es sind also immer <u>Quellenaufnahmen von Originalen</u>, die von einer anderen Stelle der Welt nicht oder kaum beschafft werden können.

Es versteht sich, daß die Benutzung im auswärtigen Leihverkehr und durch Foto sprunghaft ansteigen wird, wenn erst ein <u>gedruckter alphabetischer Katalog</u> des gesamten Bestandes bis 1700 vorliegen wird.

Hier müssen auch die <u>brieflichen Auskünfte</u> erwähnt werden. Die fünf oder sieben oder zehn Briefe am Tag, die ich schreiben muß, setzen eine Arbeit voraus, die eben nur an dieser Stelle geleistet werden kann.

Abb. 20: Halle, Ostseite, Foto: H. Heidersberger, Anf. 1962

Ich hielt es für richtig, die so beschriebene <u>originale Benutzung unserer Bibliothek</u> eher zu fördern als etwa die lokale. Immerhin wäre zu sagen, daß die <u>lokale Benutzung</u> gesteigert werden könnte, sobald ein Doppel unserer Kataloge in Braunschweig aufgestellt würde, sei es in der Bibliothek der TH, sei es in einem eigenen Lesesaal, sei es in Beidem; ein Lieferauto würde diese Stellen bedienen. Die Städte Braunschweig und Wolfenbüttel sind in den letzten zehn Jahren fast zusammengewachsen; der Gedanke einer Zweigstelle drängt sich geradezu auf. Ich habe diesen Gedanken oft vorgetragen, bin aber nicht allzu aktiv in dieser Richtung geworden, weil ich der Ansicht bin, daß diese Bibliothek erst ihre Aufgaben im Inneren vollendet lösen sollte, ehe sie sich an die Aufgaben einer braunschweigischen Landesbi-

Abb. 21: Blick aus der Halle in den grünen Saal,
Foto: G. Stoletzki, Jan. 1962

Abb. 22: Decke der Halle, Foto: G. Stoletzki, Jan. 1962

Abb. 23: Blick aus dem sog. Kunstkabinett in die Halle, Foto: G. Stoletzki,
Jan. 1962

bliothek (die sie doch nicht von den Aufgaben anderer
Landesbibliotheken unterscheidet) macht. Es gilt, im Inneren jahrzehntelange Versäumnisse aufzuholen. Das
schien mir vordringlich.

Das Sammelprinzip

Die Sammeltätigkeit des Herzogs August war universal.
Besonders bevorzugte Gebiete, auf welche sich seine
beispiellose Anziehungskraft für Bücher gerichtet hätte,
sind kaum zu erkennen; er sammelte alles. Seine Schöp-
fung: eine Universalbibliothek großen Stils.
    Wie nun soll man diese große Tradition aufnehmen,
umdenken und fortsetzen? Was der Herzog sich schuf,
war eine glänzende fürstliche Sammlung. Zu seiner Zeit
und noch lange mag die Wolfenbütteler Bibliothek ihrer Büchermenge wegen bestaunt und gerühmt worden
sein; jetzt sind es die Seltenheiten, die Kostbarkeiten,
die ihren Ruhm machen. So wie der Herzog als größter
Bibliophile in der gesamten Geschichte des Buches da-
steht, so wird die Wolfenbütteler Bibliothek die „große
bibliophile Sammlung" in Deutschland genannt, eine
sprachlich kaum mögliche, dennoch verständliche Bezeichnung, die als Formel durchgehen mag. Ihren Ruf
als universale Schatzkammer wird sie versuchen müssen, zu Recht zu behalten.
    Auch der zweite alte Grundstock, die Helmstedter
Universitätsbibliothek, ändert an diesem ihrem Charakter nicht viel. Nach Helmstedt war ja die JULIA, also die
alte fürstliche Sammlung gekommen; Helmstedt war
also keine reine Universitätsbibliothek. Die Klosterbi-
bliotheken mit ihren mittelalterlichen Handschriften,
säkularisierter Landesbesitz wie der, der die fürstlichen
Bibliotheken in München und Stuttgart groß gemacht

hat, bestimmten also den Charakter der Helmstedter Sammlung. Ferner kam ja nach Helmstedt die Sammlung des Flacius, die als größte Büchersammlung im Besitz eines Privatmanns im sechzehnten Jahrhundert galt: eine private bibliophile Sammlung. So ergibt sich im ganzen das Gepräge einer alten Bibliotheca aulica, einer fürstlichen Sammlung.

Künftige Sammeltätigkeit wird also sowohl den universalen Charakter als den Charakter des Kostbaren im Aug haben müssen. Daß es die Humaniora sind, welche man pflegt, und daß die Fortschrittswissenschaften, Medizin, Technik und auch das Recht nur in den wichtigen Handbüchern und Nachschlagewerken vertreten sein können, ergibt sich aus der isolierten geographischen Lage Wolfenbüttels von selbst.

Im Grunde müßte jedes Buch, das diese Bibliothek anschafft, daraufhin befragt werden, ob es verspricht, mit der Zeit an Wert zuzunehmen oder nicht. Es gibt sehr viele Bibliotheken, deren Schrifttum, das sie anschaffen, nach wenigen Jahren im Wert rapid gesunken, manchmal nahezu Makulatur ist. Nie möge vergessen werden, daß eine Bibliothek wie die hiesige am entgegengesetzten Ende solcher Verhältnisse steht.

Denn unter den Bibliotheken vom Typus der Staats- und Landesbibliotheken, die freier sind als die an ihre Fakultäten gebundenen Universitätsbibliotheken, ist die Wolfenbütteler Bibliothek noch freier, ihrer absonderlichen Lage wegen, die sie zu nichts verpflichtet außer zu sich selbst.

Sie hat eine Bibliotheca illustris zu sein, das ist ihre eigentliche Verpflichtung.

Sie ist eine „schöne Bibliothek", das ist sie, so mißverständlich dies in den Ohren der meisten Kollegen auch klingt. Dies ist ihr Ruhm und dies ist ihre Rolle in dem Vielerlei, das sich in unserer Zeit unter dem Namen Bi-

bliothek sammelt: so verschiedene Typen, daß sich
ihre Funktionen und ihre Bedürfnisse immer weniger
ähneln.

Erwerbung

Jede Bibliothek, der nicht durch eine Hochschule, der
sie zu dienen hat, die Erwerbung vorgeschrieben ist,
sollte ein Konzept von sich selbst haben. Es ist der Vor-
zug der alten fürstlichen Bibliotheken, also der heutigen
Staats- und Landesbibliotheken: daß sie nicht an die
Kette eines Forschungs- und Lehrinstituts gelegt sind.
Jede einzelne von ihnen kann freier ein eigenes Bild von
sich selber entwerfen als die Universitätsbibliotheken.

Wie ehedem ein Fürst seine Bibliothek so oder so
prägen konnte, so kann jetzt noch der Leiter einer ehemals fürstlichen Bibliothek mehr für die Physiognomie
seiner Sammlung tun als der Leiter einer Universitäts-
und Hochschulbibliothek. Die Frage ist bloß: können
die Leiter dieses Bibliothekstypus ihre Chance erkennen? Werden sie Persönlichkeit genug haben, um nach
einem oder zwei Jahrzehnten ihrer Sammlung eigene
Züge verliehen zu haben? Es wäre zu hoffen; Beispiele
dafür sind in Deutschland in den letzten Jahrzehnten zu
finden: in Stuttgart und dem dazugehörigen Marbach,
wo immerhin in den Jahren nach dem Krieg für zwei
Millionen außerordentliche Dinge (die Shakespeare-
Folio, Savonarola-Sammlung, die Handschriften der
Duineser Elegien, einige mittelalterliche Handschriften,
Sammlung Loncle und anderes) angekauft worden sind,
die ihrem Leiter das Andenken sichern. Denn immer
noch gilt die uralte Regel, daß von einem Bibliotheks-
leiter nichts bleibt als das, worum er seine Sammlung
vermehrt hat.

Für jede Gemäldegalerie, für jedes Graphische Kabinett sind dies Selbstverständlichkeiten; die Erwerbungen Tschudis in Berlin und München, die Erwerbungen Carl Georg Heises nach dem zweiten Krieg in Hamburg machten Epoche und seien für Dutzende anderer Exempel genannt. Für Bibliotheken, die zu Informationsinstituten zu degenerieren drohen und deren Leiter nur noch Gespräche führen, die ihre eigenen Bürodirektoren (die sie freilich nicht haben) führen sollten, ist es nicht mehr die Norm. So werden sie sich ihr eigenes Büchergrab graben.

Ja keine „Landesbibliothek"

Nichts also wäre falscher, als wenn die Wolfenbütteler Bibliothek sich bemühte, eine Landesbibliothek wie so viele andere zu sein. Als Landesbibliothek würde sie eine Rolle spielen wie Detmold oder wie Oldenburg oder wie Speyer, das 1921 gegründet wurde, also im Vergleich zur Wolfenbütteler Bibliothek ohne Vergangenheit ist. Denn in diesem Fall würde sie doch nur das Land Braunschweig vertreten. Die Aufgabe einer Landesbibliothek für das Land Braunschweig muß wohl ein wenig im Auge behalten werden, aber den Stil der Erwerbung kann das nicht bestimmen.

Wenig Zeitschriften

Der wichtigste Entschluß im Hinblick auf die Erwerbung, den ich zu Anfang meiner Dienstzeit, also 1950 faßte: sehr wenig Zeitschriften zu halten. Im Vergleich zu jeder anderen Bibliothek außergewöhnlich wenig. Ich sagte mir: der Bestand dieser Bibliothek ist nicht für die Unterrichtung gedacht, vielmehr für die Dauer. Mit der Zeit aber wird das Wissen, das sehr schnell in der Zeitschrift erscheint, in die monographische Literatur, in das Handbuch, das Standwerk eingehen; in dieser Form kann es eines Tages Bestand dieser Bibliothek werden.

Ich weiß, daß es Gegenargumente gibt. Es ist, wie bei jedem radikalen Entschluß, auch mit Schattenseiten dieses Prinzipes zu rechnen. Eines jedoch muß meine Tendenz, die manchem Kollegen seltsam vorkommen mag, im Nachhinein rechtfertigen. Ich konnte 1950 nicht wissen, daß die Xerographie, also die Beschaffung von Zeitschriftenaufsätzen aus anderen Bibliotheken, so schnell erleichtert werden würde, wie es erfreulicherweise geschah. Wie also sollte ich wünschen, hier wenig benutzte Zeitschriftenreihen aufgebaut zu haben, wenn doch für hiesigen Bedarf Zeitschriftenaufsätze von anderswoher schnell (und hoffentlich immer schneller) beschafft werden können, während ich für dasselbe Geld teure, schöne und schwerlich veraltende Monographien erwarb, die ihren Wert behalten, das Profil dieser Bibliothek prägen, anderswo fehlen und über den ZK zur Verfügung stehen? Wenn ich höre, daß selbst Göttingen ganze Monate lang den Ankauf von Monographien einstellen mußte, die keine Bibliothek je wieder aufholt, so kann der Grundsatz nicht falsch sein, an einer Nachbarbibliothek umgekehrt zu verfahren. Der Wert eines für sich stehenden, tüchtigen Werkes muß ja bleiben.

Ich wünschte dieser Erwerbungsgrundsatz bliebe erhalten. Nur eine lang fortgesetzte, stetige gleichmäßige Anschaffung kann das Profil einer großen Bibliothek formen.

Nachkäufe

Es ist zu bedenken, daß die Bibliothek, so reich sie bis zum Ende des 17. Jahrhunderts ist, im 18. und 19. Jahrhundert sehr schlecht dotiert war. Es gibt also im 19. Jahrhundert und erst recht im 20. bis 1950 gewaltige Lücken; hier fehlen bedeutende Werke, die man in einer Bibliothek wie dieser erwartet.

Die REPRINT-Listen müssen also sehr sorgfältig durchgeprüft werden. Wir haben uns dafür entschieden, nur nach den Listen von Sändig, Wiesbaden, zu arbeiten. (Inzwischen sind freilich noch andere, vielleicht komplettere Hilfsmittel für den Reprint erschienen. Aber man muß bei einer Liste bleiben, wenn man nicht immer wieder dieselben Titel nachschlagen will.)

Aber auch ALTE DRUCKE habe ich reichlich erworben. Für die Zeit, in der diese Bibliothek reich ist, also für Reformation und Barock, empfiehlt es sich, sie noch reicher zu machen. Ich habe sowohl GRIMMELSHAUSEN wie JOHANN BEER und anderes in den Erstausgaben nachgekauft. Auch ALTE MUSIK habe ich nachgekauft, sogar in bedeutenden Mengen, so den Bestand der STEFANIKIRCHE IN HELMSTEDT und Teile des Bestandes der MARIENKIRCHE IN ELBING. Wenn ich den vom Wissenschaftsrat vorgesehenen Stand von 250.000 DM (+ Teuerungsraten) im Vermehrungsetat noch erlebt hätte, so würde ich nicht gezögert haben, davon alljährlich ein volles Viertel zum Erwerb alter und kostbarer Literatur abzuzweigen. Dies kann den Ruhm und den Sinn dieser Bibliothek nur vermehren.

Man erwartet von Wolfenbüttel seltsamerweise, daß es die DEUTSCHE LITERATUR von jeher gepflegt habe. Das stimmt leider nicht, denn Lessing kaufte nichts, also auch nicht die Literatur seiner Zeit und danach war es auch nicht viel anders. Was die Bibliothek an literari-

Abb. 24: Sog. ehem. Kunstkabinett, Mittelraum im Obergeschoss des Südtrakts, Blick von Ost nach West, Foto: G. Schöne, Feb. 1966

Abb. 25: Treppen-
haus im Nordflügel,
Halbpodest, Foto:
G. Schöne, Feb.
1966

Abb. 26:
Treppenhaus im
Nordflügel, Oberes
Podest, Foto:
G. Schöne, Feb.
1966

schen Erst- und Frühausgaben der klassischen Epoche
und des 19. Jahrhunderts besitzt, stammt zumeist aus
der Privatbibliothek von Milchsack, welche „iussu rei
publicae Brunsvicensis magnis impensis", wie ein miß-
günstiger Nachfolger-Kollege (aber Nachfolger sind ja
oft mißgünstig) ins Exlibris eindrucken ließ, angekauft
wurde. Es wäre eine dankbare Aufgabe für einen Nachfolger, dieses Sammelgebiet auszubauen und nach-
zuholen, was nachgeholt werden kann. Literatur des
EXPRESSIONISMUS habe ich gut nachgekauft, zu Zeiten,
als sie noch billig war; ich ersteigerte bei Brandes eine
geschlossene Sammlung, später stiegen die Preise für
Expressionismus um das Fünf- und Achtfache.

Malerbücher

Eine BIBLIOTHECA ILLUSTRIS im Auge, habe ich es für
richtig gehalten, ein Sammelgebiet zu pflegen, das sich
nur wenige Bibliotheken gestatten: ich meine das große
illustrierte Buch des 20. Jahrhunderts. Es ist besonders
das französische Buch, und zwar deshalb, weil sich in
Frankreich, leider nicht in Deutschland, die großen
Künstler zum Buch hingezogen fühlen, mit Dichtern be-
freundet und an Dichtung leidenschaftlich interessiert
sind.[4]
      Ich wählte dieses Sammelgebiet, weil ich der Tradi-
tion dieser fürstlichen Sammlung, die ihren Reichtum
der Bibliophilie, also der leidenschaftlichen Liebe zum
Buche verdankt, die rechte Ehre zu erweisen glaubte,

---

4 Seit der Niederschrift dieses Abschnitts hat sich, im Gleichklang mit
   der gesamten Moderne, die Hervorbringung von MALERBÜCHERN
   auf den anderen Kontinent verlagert, mit bedeutenden Künstlern:
   BARNET NEWMAN, ROY LICHTENSTEIN, GNOLI, ALBERS.

Abb. 27: Erhart Kästner mit (links) Uwe Johnson und Anita (Vogel) Kästner in der Berliner Akademie der Künste in Berlin 1958, Foto: M. A. Gräfin zu Dohna

wenn ich Bibliophilie forttrieb; ich übersetzte in unsere Zeit, was der Herzog in seiner Zeit tat. Merkwürdigerweise betrachten die Bibliotheken unserer Tage dergleichen als Luxus, während sie die Anschaffung von so unendlich Vielem, was dann in den Regalen herumsteht, was niemand mehr in die Hand nimmt, was des Aufhebens nicht wert ist oder nur dazu dient, daß die zweihundertste abgeschriebene Examensarbeit gemacht wird, für bitter notwendig halten. Sie überlassen solche Aufgaben den Museen und Graphischen Sammlungen, die ihrerseits wieder sich für Bücher nicht zuständig halten. Das zeugt von einer verkümmerten Vorstellung dessen, was eine Bibliothek ist.

Doch lege ich Wert darauf, festzustellen, daß ich diese Ankäufe zunächst nicht aus den laufenden Etatmitteln, die ja zu Anfang der fünfziger Jahre noch dürftig waren, getätigt habe, sondern aus Dublettenverkäufen. Erst mit der Zeit habe ich sowohl den Etat wie die Stiftung Volkswagenwerk dafür ein wenig heranziehen können, besonders seitdem auf den documenta II der Wolfenbütteler Bestand an Malerbüchern zum ersten Mal ausgestellt und auch den Kennern eine Überraschung war.

Die Preise für diese Werke waren zu Anfang der fünfziger Jahre recht niedrig. Steigungen um das Fünffache und sogar Zehnfache sind seitdem eingetreten, wie man aus dem bekannten RAUCH-Katalog Nr. 6, 1957 sehen kann. Und zweifellos wird der Wert dieser Werke noch steigen. Denn es sind Meisterwerke.

Ich glaube, daß es kaum einer anderen Bibliothek möglich sein wird, den Bestand an Malerbüchern des 20. Jahrhunderts noch aufzuholen. Das Land Stuttgart hat für die Graphische Sammlung die Sammlung LONCLE zu Beginn der sechziger Jahre gekauft, für 900.000 DM. Aber diese Sammlung enthält sehr viele Meisterwerke der Zeit nicht und dafür Dutzende von Werken, deren Besitz nicht erstrebenswert ist. Dazu steckt das meiste in horriblen französischen Einbänden, die für unseren Geschmack den Wert mindern. Freilich sind einige prächtige Stücke in Vorzugsexemplaren in jener Sammlung vorhanden, um deren Besitz ich Stuttgart beneide. Sonst wird kaum eine andere öffentliche Sammlung in Konkurrenz stehen, wohl aber Privatsammlungen.

Natürlich wäre es gut, wenn diese Sammlung fortgeführt würde, sonst bliebe sie Stückwerk.

Ich könnte mir aber auch denken, daß jemand ein anderes Sammelgebiet pflegte, welches die Bibliothek in ähnlicher Weise bereichert. Ich erwähnte schon die LITERARISCHEN ORIGINALAUSGABEN des 19. Jahrhunderts, die man in Wolfenbüttel erwartet und die zu ergänzen wären, also eine Auffüllung der SAMMLUNG

MILCHSACK. Doch könnte man auch an PFLANZEN-
BÜCHER, VOGELBÜCHER, FISCHBÜCHER und IN-
SEKTENBÜCHER des 17. und 18. Jahrhunderts denken,
wenngleich die jetzt teuer wurden.

Dubletten

Ich fand, als ich hierherkam, einen Dublettenkeller vor,
wie ihn die meisten Bibliotheken besitzen. Zu mehreren
Malen ist in den fünfziger Jahren dieser Dublettenkeller
auf Verwendbares durchsucht worden; es wurde jeweils
eine Portion auf die Auktion bei Gerd Rosen in Berlin
gegeben und der erzielte Betrag dort stehen gelassen,
bis ein erstrebenswertes Werk aufgetaucht war, das dafür also quasi auf dem Tauschwege, gewonnen werden
konnte. Ich habe es den vorgesetzten Dienststellen zu
danken, daß sie diese Sache unter Dublettentausch gehen ließen; anfangs habe ich über jede einzelne Aktion,
später nur in den Jahresberichten Rechenschaft abge-
legt. Keineswegs habe ich nur Malerbücher auf diesem
Wege erworben, wie die Akten ausweisen, sondern
auch teuere ältere Sachen, wie zum Beispiel das Luther-
Autograph, jenes fehlende Blatt XLI aus dem Band 71.4
Theologiae 4°, das zweihundert Jahre früher aus dem
Codex gestohlen worden war und das ich aus England
zurückerwarb.

Seit meinen bibliothekarischen Jugendjahren, als ich
in der Dresdner Bibliothek im Alphabetischen Katalog
auf die Vermerke stieß, daß man in der Inflationszeit
nach dem ersten Weltkrieg zweite und dritte Exemplare
von Dürers Marienleben, der Großen Passion und dem
Theuerdank abgegeben hatte, um Gebrauchsliteratur
zu kaufen, bin ich von der Überzeugung durchdrun-
gen, daß eine Bibliothek alte Dubletten niemals abge-

ben darf, um dafür Alltags- und Gebrauchsliteratur zu erwerben. Eine Dublette, die hundert Jahre alt ist und auf dem Antiquariatsmarkt noch Wert hat, hat erwiesen, daß sie der Zeit standhielt; ich kann sie also nur für etwas eintauschen, von dessen Wertbeständigkeit ich absolut überzeugt bin. Das ist nicht schwer für den Kenner.

Im übrigen bin ich in der Frage der Dublettierung sehr streng verfahren und würde in aller Zukunft empfehlen, ebenso streng zu verfahren. Doppelstücke bei Inkunabeln gehören zu den Charakteristiken unserer Bibliothek und müssen unveräußerlich bleiben. Daß von einem Buch wie dem September- und Dezember-Testament 1522 in Wolfenbüttel insgesamt 6 Exemplare vorhanden sind, ist für unsere Bibliothek charakteristisch; ich würde es mir nie haben einfallen lassen, obwohl ich darum bedrängt worden bin, hiervon ein Stück abzugeben. Ich war mir in diesen Fragen immer vollkommen einig mit dem Kollegen BUTZMANN. Ich erinnere mich, daß ich einmal festgestellt habe, wieviele Exemplare der ARTIKEL aus dem Bauernkrieg (in den verschiedenen Drucken) unsere Bibliothek besitzt und ich glaube mich nicht zu irren, daß ich ziemlich weit über 30 Exemplare kam. Es wäre wohl möglich, zum Beispiel (unter tausend anderen Beispielen) unter diesen „ARTIKELN" Dubletten zu finden. Aber auch hier würde ich mir nicht haben einfallen lassen, Dubletten zu machen. Dergleichen gehört zu der Eigenart der Wolfenbütteler Bibliothek; sie würde ihre eigene Substanz aufessen, wenn sie diesen Besitz schmälern würde. Ich muß für alle Zukunft alle Nachfolger beschwören, Versuchungen einer solchen Schmälerung der Substanz zu widerstehen und lieber den schwierigen Weg zu gehen: die zähe, in Niedersachsen freilich karge, allem Musischen wenig holde öffentliche Hand anzugehen.

Der Umbau

Seit dem Jahr 1960, aber schon länger vorher betrieben,
kam ein bedeutender Umbau der gesamten Bibliothek
in Gang. Insgesamt verdanke ich ihn der Energie und der
Gunst des Herrn Ministerialdirigenten Schneider, wie so
vieles andere, das unsere Bibliothek ihm verdankt. Denn
wie bei jedem einzelnen Abschnitt dieses Berichtes ist
hier zu sagen, daß alles nicht möglich gewesen wäre
ohne das Einverständnis und die bewundernswerte To-
leranz Herrn Ministerialdirigenten Schneiders. Ich habe
beim Kultusministerium auch früher Gunst und Wohl-
wollen erfahren, aber was nützt das, wenn von dort aus
bei Finanz nichts erreicht wird.

Sinn dieses Umbaus ist, wie ich in vielen Eingaben
dargelegt habe: aus einer herzoglichen Privatbibliothek, die unter Ausschluß des Publikums existierte, ein
brauchbares Instrument der Wissenschaft und der Öffentlichen Nutzung zu machen.

Denn die Wolfenbütteler Bibliothek hat zwar 1918
aufgehört, herzogliche Privatbibliothek zu sein, ist es
dem Geist nach aber bis 1950 geblieben. Es fehlten ihr
alle Einrichtungen, mit denen man der Öffentlichkeit
dient.

Einen Gesamtplan dieses Umbaus habe ich niemals
niedergelegt. Hätte ich das zu Beginn unseres Umbaus,
so wäre er vielleicht ebensowenig in Gang gekommen,
wie sich der Neubau der Landesbibliothek in Hannover hinzog. So habe ich das große Unternehmen mit
kleinen Schritten begonnen, ohne jemals (immer mit
Ausnahme von Herrn Schneider) zu sagen, daß er ein
so großes Ausmaß annehmen werde. Eigentlich haben
wir nur WCs gebaut; daß diese fehlten und daß anstatt
von WCs nur eine unmögliche Latrine im Keller da war
(sie wurde vor dem Abbruch im Foto festgehalten, war

Abb. 28: WCs der Bibliothek für Personal und Publikum,
Foto: H. Heidersberger, Anf. 1962

aber in Wirklichkeit noch gemeiner), zu welcher Publikum nur gelangen konnte, wenn es unbeaufsichtigt
durchs Magazin ging, war denn doch ein Argument, das
nicht zu umgehen war. (Das Bonmot: HERZOG AUGIAS-
BIBLIOTHEK, das aber nicht von mir stammt, älter ist
und sich auf so vieles Unauffindbares bezog, sei hiermit
überliefert.)

Professor Kraemer

Das bedeutendste Ereignis während des Umbaus war,
daß es im Februar 1965 gelang, den Auftrag an Professor KRAEMER zu geben. Bis dahin war die Mitarbeit
KRAEMERS nicht recht geklärt; im ersten Bauabschnitt

hatte er zunächst nur beratende Funktion, dann sollte
das Büro KRAEMER eine bestimmte Anzahl von Stücken
(eine Treppe, eine Glaswand und anderes) zeichnen,
was zu ständigen Unzuträglichkeiten mit dem Staatshochbauamt führte. In Wirklichkeit gab schon damals
der ausgezeichnete Assistent KRAEMERS, Herr KAFKA,
den Ton an. Ihm ist es zu danken, daß der Stil dieses
Baues sich wandelte: bis dahin herrschten mehr die
Vorstellungen des sozialen Wohnungsbaus, als die einer
ehemals fürstlichen Bibliothek.

Dann stellte sich die Auffassung ein, als sei KRAEMER
nur für den musealen Teil der Bibliothek heranzuziehen und der dritte Bauabschnitt, also der sogenannte
Magazinturm, wurde wieder dem Staatshochbauamt
übertragen. Auf zwei Briefe hin, die ich Herrn Prendel
persönlich schrieb, erfolgte der Umschlag: <u>Es ist jetzt
klar, daß der gesamte Umbau in der Hand von Herrn
Kraemer liegen wird</u>.

Der Unterschied zwischen einem Privatarchitekten
und dem Staatshochbauamt ist wie der zwischen Tag
und Nacht. Ich spreche aus fünfzehnjähriger Erfahrung
mit drei aufeinanderfolgenden Bauräten. Auch hier-
durch hat sich in mir die Überzeugung gefestigt, daß
eine starre Planwirtschaft (als welche man die Staatswirtschaft ja ansehen muß, es sei denn, man führe eine
staatliche Dienststelle <u>als ob</u> man ein freies Unternehmen führte) der freien Wirtschaft hoffnungslos un-
terlegen ist. Ein beamteter Architekt wird zumeist mit
Furcht, aber nicht mit Fantasie bauen: Furcht vor dem
Rechnungshof, der ihm irgend etwas, was nicht das Bil-
ligste ist ankreiden könnte und Furcht vor sämtlichen
vorgesetzten Dienststellen, die Schwierigkeiten machen, wenn etwas außer der Reihe ist. Aber mit Feigheit
kann man nicht bauen und also auch nicht wirtschaf-
ten.

Vierter Bauabschnitt

Der IV. Bauabschnitt ist bis ins Detail entworfen; Kostenschätzung, Kostenvoranschlag und Kostenanschlag nach RHO 45 sind Anfang April eingereicht und derzeit geprüft und bewilligt, es fehlt noch die Freigabe der Mittel. Mit dem Raum MITTELALTERLICHER HANDSCHRIFTEN, der zum IV. Bauabschnitt gehört, wurde schon vorher begonnen, aus VW-Mitteln. Dieser Raum war am 16. Mai 1968 fertig und wurde sofort bezogen.

Den ALTEN HANDSCHRIFTENSAAL und den BIBELSAAL hätte ich gewünscht noch fertig zu machen, so daß der gesamte MUSEALE TEIL des Hauses bei meinem Weggang hätte übergeben werden können. Dieser Wunsch hat sich mir nicht erfüllt, trotz langer vorheriger Anmeldung und vieler sicherer Zusagen. Ein Architekt, wenn sein Büro erst einmal so groß ist wie das von KRAEMER, hat in seinem Betrieb eben längst nicht so viel, wie man meinen könnte, zu sagen.

Es bleibt dann noch zu tun:

WESTFLÜGEL:
AUSLEIHE UND FERNLEIHE, PACKRAUM,
PRÄSENZBIBLIOTHEK, KANZLEI,
WENDELTREPPE NACH OBEN, SEMINARRAUM
und KARTENSAMMLUNG.

Zur KARTENSAMMLUNG bemerke ich, daß dieser Raum nur ins Unreine geplant ist. Man könnte später aus diesem Raum etwas Intensiveres machen. Er ist mit den Karten vielleicht nicht ganz ausgefüllt. Doch sind ja auch noch die anderen Blattsammlungen nachzuordnen und unterzubringen. In diesen Raum soll auch das Bibliotheksarchiv kommen. Der Raum wird auch dann vielleicht noch nicht intensiv genug ausgenutzt sein. Aber irgendwo muß ja auch Leerraum und Halbleerraum für die Zukunft bleiben.

Abb. 29: Handschriftensaal im Nordwesten der Bibliotheca Augusta, Foto: H. Heidersberger, Anf. 1962

Abb. 30: Alter Lesesaal, noch mit Trennwand gegen den alten Katalogsaal, Foto: H. Heidersberger, Anf. 1962

Dies gilt auch für das
DRITTE und VIERTE MAGAZINGESCHOSS.
Durch Einzug einer Betondecke wird man es eines Tags
genauso abteilen können, wie wir jetzt das erste und
zweite Magazingeschoss abgeteilt haben. Wenn man
das dritte und vierte Stockwerk ebenso dicht mit Stahl-
regalen bestellen wird, wird man auf weitere Jahrzehnte
hinaus Stellraum gewinnen. Der Statiker wird hoffentlich nichts dagegen haben.

Diesen späteren Magazinausbau oder -umbau wird
man über Gerüste durch die Fenster bewerkstelligen
können, so daß das jetzt Ausgebaute nicht leiden würde.

ALS FÜNFTER BAUABSCHNITT ist von Herrn Ministerialdirigent Schneider und Herrn Ministerialrat Prendel das
LESSINGHAUS erklärt worden.

Nach dem FÜNFTER BAUABSCHNITT oder zugleich
mit ihm sollte an den Außenseiten des Gebäudes al-
lerhand vorgenommen werden. Die Sache ist mit Professor Kraemer oft diskutiert worden. Verschiedene
Beschädigungen können nicht so bleiben, so zum Beispiel die abgebrochenen Gesimse über dem Nordein-
gang, ferner die vielen Gebäuderisse und anderes. Ein
Abstrahlen mit Sandstrahlgebläse ist erwogen worden.
Die Fenster bedürfen sämtlich eines Neuanstrichs, Professor Kraemer möchte auch ihre Einteilung geändert
haben.

Sehr am Herzen liegt mir die fehlende Dachbekrönung über dem Hauptportal. Sie bestand in der Hauptsache aus Gußeisen, wurde, wie beim Staat meistens,
nicht gepflegt und drohte eines Tages abzubröckeln
und die Passanten zu verletzen. Ich hätte damals nicht
einverstanden damit sein sollen, daß die Bekrönung ab-
genommen und nicht ersetzt wird. Ich höre jetzt, daß

beim Staatstheater in Braunschweig etwas Ähnliches im Gang war und daß es dem Landesdenkmalpfleger gelang, eine neue Fassung der Dachbekrönung in der alten Weise durchzusetzen. Etwas Ähnliches müßte hier auch geschehen. Wenn man eine alte Fotografie mit dem jetzigen Zustand vergleicht, sieht das Haus aus wie eine Scheune.

Dann muß auch ein Parkplatz für 20 oder 30 Fahrräder geschaffen werden. Auch der Asphaltstreifen bedarf der Ausbesserung.

Die Arbeit mit Kraemer

besonders mit seinen tüchtigen jeweiligen Mitarbeitern, mit denen man es vor allem zu tun hat, ist angenehm. In zunehmendem Maße erkannte KRAEMER das Einzigartige dieser Aufgabe: mit kostbaren Büchern zu bauen. Die Ideen der Bibliothek, die vorlagen, wurden bereitwillig aufgenommen: so, in das Haus ein Achsenkreuz von fünf Sälen zu legen, in denen sich Magazin und Museum vereint, ferner der bis dahin leeren AUGUSTEERHALLE die acht gähnenden offenen Bögen zu nehmen, das Tageslicht auszuschließen und die riesigen Wände mit den weißen Pergamenten der Augusteer zu füllen, so daß die kalte Pracht der Halle einen starken Inhalt bekam, ferner, das ehemalige Treppenhaus zu einem kleinen Bücherturm auszubauen und dessen unteres Geschoß museal zu nutzen, ferner, den schönsten Raum, den das Haus zu vergeben hat, der mittelalterlichen Handschriften-Sammlung zu widmen und somit den Grundriß vom Alter und Wert der Sammlung her zu verstehen.

Doch sind entscheidende Momente des Umbaus auch von der Seite KRAEMERS gekommen: so der

Abb. 31: Halle nach Süden gesehen, Foto: H. Heidersberger, Juni 1966

Abb. 32: Halle,
Süd-Ost-Ecke,
Foto: H. Heiders-
berger, Juni 1966

Abb. 33: Halle nach
Norden gesehen,
Foto: H. Heiders-
berger, Juni 1966

Abb. 34: Halle nach Süden gesehen, Foto: H. Heidersberger, Juni 1966

Gedanke, von der Halle ein unteres Geschoß abzu-
schneiden. Zwar wurde so der Kopie antiker Thermen-
Architektur, mit pompösen Doppelsäulen auf Podesten,
ein charakteristisches Stilmerkmal genommen, die
Bibliothek aber gewann den Vorteil davon, im neu
entstehenden Magazinflur, dem Blauen Magazin, ein
ausleihe-nahes Magazin für die jeweils zehn letzten Er-
werbungsjahrgänge einrichten zu können, was aufs al-
lerbeste sich bewährt hat.

Die AUGUSTEERHALLE wurde am 19. November, einem Ausflugtag des Hannoverschen Leibnizkongresses,
1966 eröffnet, nachdem sie schon zum 4. Juni, dem Bibliothekartag in Hannover, fastfertig präsentiert worden
war.

Ich kann nicht verschweigen, daß seit jenem Datum die Arbeiten nur noch schleppend fortgingen. Das Büro KRAEMER ist mit Monstre-Aufträgen versehen, im Vergleich zu denen unser Umbau bagatell ist, zwar nicht, was die künstlerische Aufgabe, aber was den Umsatz anlangt. Die Nervenkraft, die ich aufwenden mußte, um den vielbeschäftigten Bauleiter ASENDORF nach Wolfenbüttel zu bringen, war zu groß; Herr HALM, der Tag für Tag am Telefon hing und sich, meist vergeblich bemühte, die Sache vorwärts zu treiben, kann ein Lied davon singen.

Altkatalogisierung

Jedem, der diese Bibliothek wie ich im Jahr 1950 übernahm, mußte in der ersten Stunde auffallen, daß die Kataloge dieses ungeheuer reichen alten Bestandes ein Ärgernis waren. Die Sammlung des Herzogs, jene berühmten 116.000 Pergamentbände, sind immer noch allein durch den Alphabetischen Katalog erschlossen, den Leibniz zu Ende des 17. Jahrhunderts hat anlegen lassen. Allein auch Leibniz hat damals nicht neu aufnehmen lassen, sondern den Katalog des Herzogs kopiert, den er verzetteln ließ. Die Helmstedter Universitätsbibliothek ist seit ihrer Einbringung um und nach 1815 und um 1914 überhaupt noch nicht verzeichnet. Der Alphabetische Zettelkatalog, der da war, bezog sich auf den nicht besonders interessanten sogenannten Mittleren Bestand (und ist außerdem schlecht).

So mußte meine Aufgabe sein, eine sogenannte Altkatalogisierung in Gang zu bringen. Zu Anfang der fünfziger Jahre bekam ich hierfür drei Diplombibliothekarstellen bewilligt. Es gelang mir auch, tüchtige Kräfte

Abb. 35: Katalogsaal, Foto: H. Heidersberger, Juni 1966

zu gewinnen. Eine Reihe von Jahren machte das bedeutende Werk gute Fortschritte; ich hoffte, in fünfzehn Jahren mit der alphabetischen Katalogisierung des ganzen Bestandes zu Ende zu sein. Die Verzeichnung ging handschriftlich vor sich; die finanzielle Lage des Landes war in den fünfziger Jahren noch so, daß die Anschaffung einer Schreibmaschine eine ernste Schwierigkeit war; ich mußte mit allen möglichen Listen und Tücken und Hilfskassen arbeiten.

Meine Jahresberichte geben Auskunft, wie sich das Tempo der Altkatalogisierung von Jahr zu Jahr verringerte, sei es, weil der Betrieb im ganzen anwuchs und die Damen der Altkatalogisierung zu Aushilfen herangezogen werden mußten, sei es, weil die Ansprüche, die wir selbst an die Qualität der Aufnahmen stellten, wuch-

Abb. 36: Leesesaal, Foto: H. Heidersberger, Juni 1966

sen, sei es endlich, weil eine Diplombibliothekarin des Jahres 1968 keineswegs mehr die Arbeitskraft einer Diplombibliothekarin von 1950 darstellt –: kurzum, ich bin in fünfzehn Jahren längst nicht so weit gekommen, wie ich es mir vorgestellt habe. Es bleibt noch ein gewaltiger Rest, den ich meinem Nachfolger zu überlassen gezwungen bin.

Möge er im Auge behalten, daß eines Tages, wenn die Altkatalogisierung im Ganzen beendet sein wird, es das Ziel sein muß, im Rahmen der WOLFENBÜTTELER KATALOGE, den gesamten Katalog der Drucke bis zum Jahre 1700 zu drucken. Erst von dem Augenblick an, wo ein gedruckter Katalog der Wolfenbütteler Bibliothek in allen Bibliotheken zur Hand ist, würde dieses Depot alter Literatur Gemeinbesitz aller deutschen Bibliotheken und aller Bibliotheken der Welt und sein Sinn erst erfüllt sein.

Der Plan eines gedruckten WOLFENBÜTTELER KA-TALOGS, den ich mir in 12 oder 18 Bänden vorstelle, ist mit dem Verleger Klostermann zu mehreren Malen abgesprochen. Klostermann hat eine langjährige Erfahrung mit der Deutschen Forschungsgemeinschaft, mit der VW-Stiftung und mit Thyssen. Er ist der Ansicht, daß man ein so ansehnliches Unternehmen bei der Thyssen-Stiftung oder VW leichter durchbringen würde als kleinere Hilfen. Diese Stiftungen wollen etwas Sichtbares. Klostermann kennt auch die Gefahren, die einem solchen Unternehmen drohen, da Kollegen als Sachverständige angefragt werden müssen. Dann stellt sich nämlich, vielleicht sogar ohne daß es der angefragte Sachverständige merkt, eine Art Neid ein und das Gutachten könnte blockieren. Hier ist also Vorsicht geboten.

Die Praxis stelle ich mir so vor, daß man aus dem oberen blauen alphabetischen Zettelkatalog alles herausliest, was vor 1700 ist und so in die Druckerei gibt (Schwierigkeit machen dann nur die Verweisungen).

Ich habe den Alphabetischen Katalog mit Absicht so eng aufgestellt, weil ich damit rechnete, daß die gedruckten Zettel dann eines Tages unten hinkönnten, wo man sie kaum noch befragt, da man ja dann das Gedruckte hat. Ich wollte nicht einen raumfressenden, auseinandergezogenen AK, wie ihn die Universitätsbibliotheken brauchen, die mit einem großen Publikum rechnen müssen.

Ich möchte, daß nicht vergessen wird, daß der Plan eines Wolfenbütteler gedruckten Alphabetischen Katalogs bis 1700 ein Gedanke des Kollegen WEHMER ist.

Handschriften

Ich hoffe, daß die Zeiten vorbei sind, in denen unsere Bibliothek keinen Handschriftengelehrten in ihrem Kollegium hat. Sie hatte das seit OTTO VON HEINEMANNS und MILCHSACKS Zeiten, also vierzig Jahre lang, nicht mehr.

Sogleich nach meinem Amtsantritt bat ich meinen Freund und Kollegen HANS BUTZMANN, sich den mittelalterlichen Handschriften zuzuwenden. Sie waren ihm bis dahin nicht mehr und nicht weniger vertraut als jedem anderen guten Bibliothekar. Daß er sich dann, obwohl schon ein Fünfziger, in die Wissenschaft so eingearbeitet hat, daß er jetzt unter den Handschriftengelehrten nicht nur unseres Landes das höchste Ansehen genießt, ist für unsere Bibliothek ein Gewinn.

Inzwischen ist durch die Forschungsgemeinschaft die Handschriftenverzeichnung in Deutschland allgemein wieder in Aufnahme gekommen. Wolfenbüttel war an dieser Wiederaufnahme, der bibliothekarischen Ur-Aufgabe, nicht unbeteiligt; die erste Tagung der Handschriftenbibliothekare 1962, war hier. So ist wieder ins allgemeine Bewußtsein gekommen, daß Wolfenbüttel eine der bedeutendsten Handschriftensammlungen in Deutschland besitzt.

BUTZMANN also wählte sich zu Beginn der fünfziger Jahre die Gruppe der WEISSENBURGER, die er neu darstellen wollte. Ich ließ ihn gewähren, obwohl ja einige unserer Handschriftengruppen überhaupt noch nicht verzeichnet sind und sich eigentlich vordrängten. Doch war die Entscheidung wohl richtig, denn die 103 außerordentlichen frühmittelalterlichen WEISSENBURGER gaben BUTZMANN ein Maß, das die weniger wichtigen und disparateren mittelalterlichen Handschriften der noch nicht verzeichneten Gruppen nicht hätten geben

können. Das Jahrzehnt, das BUTZMANN an den WEIS-
SENBURGERN gearbeitet hat, hat für die künftige Wei-
terarbeit an den Handschriften das Niveau festgesetzt;
der Band ist zu Recht zu Ruhme gelangt. (Da wir damals
im oberen Dienst nur zu Zweit waren, darf ich es als
ein Opfer von meiner Seite bezeichnen, den Kollegen
BUTZMANN fast ganz für die Handschriften freigegeben
zu haben.)

Auf die
      WEISSENBURGER (1964) folgten die
      BLANKENBURGER (1966), hierauf
      DIE MITTELALTERLICHEN HANDSCHRIFTEN AUS
      DEN GRUPPEN DER EXTRAVAGANTES, NOVI und
      NOVISSIMI,
an denen BUTZMANN noch arbeitet und die er 1969 zu
vollenden hofft. Es müssen dann folgen die
      neueren HANDSCHRIFTEN AUS DEN GRUPPEN
      DER EXTRAVAGANTES, NOVI und NOVISSIMI,
womit die acht Handschriftengruppen unserer Bibliothek vollständig verzeichnet sein würden.[5]

Danach oder daneben gilt es die
      AUTOGRAPHEN
unserer Bibliothek zu verzeichnen. Hiermit wurde von
einem halbakademischen Hilfsarbeiter, dem Ungarn
VON VERMES begonnen, der die Autographensamm-
lungen von VIEWEG und MENGEN in Angriff nahm und
drei Jahre lang daran arbeitete. Die Autographensamm-

---

5 Seit der Niederschrift dieses Abschnitts fiel BUTZMANN die Aufgabe zu, einen unserer ältesten Codices, die AGRIMENSORES aus
   dem 6. Jahrhundert, als große Faksimile-Publikation bei Sijthoff
   in Leiden herauszugeben. So ist er seit Jahr und Tag mit der Erfor-
   schung dieser Handschrift, die in die Zeit und Geschichte der Ost-
   goten hinabführt, versunken; die Arbeit, die sich dem Abschluß
   nähert, verspricht hochbedeutend zu werden.

lungen ESCHENBURG, HENKE, LAUTERBACH, WILK-
KENS sollten sich anschliessen. Doch geschah die Arbeit ohne Regesten, was eine solche Briefsammlung erst
reizvoll macht; dazu reichte es bei Herrn VON VERMES
nicht.

Das ist schade, denn es schwebte uns, BUTZMANN
und mir, vor, innerhalb unserer KATALOGE eine Gruppe
von drei Bänden

DER BRIEF

zu machen und so die Briefe von den Humanistenbrie-
fen an, wovon es in den alten Abteilungen zahlreiche
Sammelbände gibt, bis ins neunzehnte Jahrhundert
zu verzeichnen. Eine schöne Idee. Denn es zeichnet
sich ab, daß die Literaturform des Briefes dahin ist; es
scheint, es war eine Form des 16. bis 19. Jahrhunderts;
jetzt werden Briefe ja kaum noch geschrieben.

Es besteht der Plan, nach Abschluß dieser genannten
Katalogbände die Verzeichnung unserer Handschriften
wieder von vorn anzufangen, da es Otto von HEINE-
MANN ja nur auf eine erste Sichtung und Verzeichnung
ankam. Man würde also wieder bei den HELMSTED-
TERN anfangen. Freilich, da wir die HEINEMANN-Bände
seit 1964 in einem Neudruck vorlegten, sollte die Neubeschreibung nicht allzuschnell folgen; der Verleger äußert Bedenken.

Personell ist zu diesem Kapitel zu sagen, daß das
Wissen des Kollegen BUTZMANN unserer Bibliothek
so lange wie möglich erhalten bleiben sollte. Ich habe
ihm immer versprochen, ihm ein Arbeitszimmer in der
Bibliothek zu bewahren, wenn er nicht mehr im Dienst
ist. Eine Butze im Westflügel ist vorgesehen.

Auf den jungen Kollegen MILDE haben wir seit zwei
Jahren große Hoffnungen gesetzt, ihn vielleicht auch
verwöhnt. Ich hoffe sehr, daß er den frühen und ausge-
zeichneten Start, den ich ihm gab, zu schätzen und zu

danken weiß, und bemerke, daß er immerhin noch der Erziehung bedarf. Er neigt dazu, vieles mit Eifer anzufangen und sich bald für dieses Vorhaben, bald für jenes zu entzünden. Ich empfehle, mit ihm eine bestimmte Aufgabe abzusprechen und alsdann eisern darüber zu wachen, daß er dabeibleibt.

Da er mir versprach, neben seiner Arbeit an den Handschriften das BIBLIOTHEKSARCHIV zu durchforschen und zu ordnen, erwog ich, ihn zu einer

GESCHICHTE UNSERER BIBLIOTHEK

zu ermuntern. Der Band von HEINEMANN ist ja allzu pauschal und trägt die Züge der Welfenverherrlichung stärker als es unserem Geschmacke entspricht. Doch habe ich selber Bedenken, ob die schriftstellerische Kraft MILDES dazu ausreicht; es gilt doch, eine Reihe glänzender Persönlichkeiten zu beschreiben.[6] Die Geschichte einer Bibliothek, wie sie freilich noch nicht geschrieben wurde, wäre doch die Geschichte ihrer Persönlichkeiten, ihrer Sammler und Ordner. Eine große Sache.

Solche Bedenken teilend, schlägt Kollege BUTZMANN vor, Herrn MILDE zwar nicht zu einer Geschichte der Bibliothek, aber doch zu einer

GESCHICHTE UNSERER HANDSCHRIFTEN-
SAMMLUNG

zu ermuntern und anzuhalten. Das scheint mir ein guter Gedanke, der mit Herrn BUTZMANN noch sorgfältig durchgesprochen werden sollte. Die Besorgnis, daß Herrn MILDES schriftstellerische Begabung vielleicht nicht ausreichen würde, um Persönlichkeiten wie AUGUST DEN JÜNGEREN, LEIBNIZ und LESSING, auch LANGER und BETHMANN kraftvoll, lebendig zu entwerfen, würde bei einer solchen Untersuchung nicht so stark sein müssen. Es wäre, mindestens in Deutschland,

---

6 Ich meine, sie so hinzustellen, daß sie leben.

Abb. 37: Helmstedter Handschriften im Behältnis

eine einzigartige Darstellung. Und für die Geschichte
unserer Bibliothek, mit der sich diese Darstellung freilich vielfach überschneiden würde, würde es mindestens eine Vorarbeit sein.

BEMERKUNG: Ich liebe die Bezeichnung HAND-
SCHRIFTENABTEILUNG nicht. Es ist keine Abteilung,
sondern die Urzelle einer jeden alten Bibliothek. Das
ist es, was ich in dem zentralen und schönsten Raum
unseres Hauses für unsere Handschriften zu bauen versuchte. Andere Bibliotheken, die ihre MITTELALTER-

LICHEN HANDSCHRIFTEN und ihre RARA in Annexen unterbringen, dürfen HANDSCHRIFTENABTEILUNG sagen. Ich versuchte (erfolglos) HANDSCHRIFTEN-SAMM-LUNG einzuführen.

Fotowerkstatt

Eine Fotowerkstatt besitzt unsere Bibliothek erst seit 1962; heute können wir uns die Bibliothek ohne Fotowerkstatt nicht mehr vorstellen. Wir hatten in 1967 52.280 Aufnahmen, die Tendenz ist steigend.

In der Statistik des JAHRBUCHS kommt der Wert dieser Zahl nicht richtig zum Ausdruck. Die Bibliotheken, die ähnliche Zahlen melden, zählen ihre Xerokopien, die sie von Zeitschriftenaufsätzen machen. Bei uns sind das aber Quellen-Aufnahmen aus Handschriften und seltenen Drucken, also Dingen, die zumeist eben bloß aus Wolfenbüttel beschafft werden können. Daß eine solche Quellenaufnahme mehr wiegt (meist auch mehr Vorarbeit macht), scheint in der Statistik nicht auf und ist den Kollegen, die so ganz anders orientiert sind, auch nicht begreiflich zu machen. Das Daseins- und Erhaltungsrecht der Wolfenbütteler Bibliothek ist schon durch diese Foto-Benutzung erwiesen.

Mit dem Fortschreiten unserer KATALOGE müssen die Fotobestellungen zunehmen. So wird ein einziger Fotograf die Aufgabe mit der Zeit kaum noch schaffen. Immerhin, so lange wie möglich sollte der Werkstattbetrieb mit einer Kraft aufrecht erhalten werden; zwei leisten ja nicht etwa das Doppelte, wie die Erfahrung beweist; Parkinson sagt: nur die Hälfte, und ich möchte ihm Recht geben. So wäre ich eher dafür, die Apparaturen der Werkstatt zu vervollkommnen, dann nämlich schafft Herr SCHÖNE es noch länger allein. Wir sollten ein Fünfzigmeter-Rollen-Reprogerät, ferner ein Direkt-Kopier-Gerät besitzen; beide kosten ungefähr je 15.000 DM.

Die UBs und THBs hatten bekanntlich von der Forschungsgemeinschaft eine Starthilfe und konnten einige Jahre lang Xerokopien an Studenten und Dozenten gratis ausgeben. Seitdem diese Starthilfe erlosch, müssen diese Bibliotheken für ihre Xerokopien etwas verlangen und behalten die Beträge ein (eine etwas fragwürdige Maßnahme). Wir jedoch, die wir diese Starthilfe nicht hatten, führen seit Jahren 12.000 oder 13.000 DM im Jahr an Foto-Einnahmen ab, während wir bloß die Hälfte davon für Materialbeschaffung bekommen. Könnten wir, wie es die anderen Bibliotheken seit dem Ende der Starthilfe dürfen, unseren Überschuß einbehalten, so könnten wir immerfort unsere Apparaturen erneuern. Ich habe deswegen den Antrag gestellt, daß wir so vorgehen dürfen wie es die anderen Bibliotheken tun. Aus meinem Antrag (Anfang 1968) sind alle Argumente ersichtlich. Doch kann ich kaum hoffen, daß die Zustimmung schon beim ersten Mal kommt, es muß weiter gedrängt werden.

Wir müssen auch einen Xerox aufstellen, ohne das können wir nicht mehr bestehen. Ich hätte schon einen gemietet, doch ist das vorläufig räumlich nicht möglich, erst nach dem Umbau der Fotowerkstatt im IV. Bauabschnitt, wenn die Werkstatt ihre drei nebeneinanderliegenden Räume hat.

Im Ganzen macht die Fotowerkstatt viel Freude, hier spürt man die lebendige Wirkung unserer Bibliothek jeden Tag. Daß ich dahinter herwar, daß die Werkstatt schnell arbeitet, habe ich schon an anderer Stelle gesagt; es ist, hier wie sonst, eine Kardinalfrage.

Abb. 38: Weissenburger Handschriften, im von Kästner propagierten Wolfenbütteler Bibliothek-Stil eingebunden

Abb. 39: Malerbuchkassetten in farbigen Schubern der 1960er Jahre

rte von Men-
gen und man
cht haben. Ich
sein, wenn sie
liesem, bald je-
suchung, ihnen
gt freilich nahe.
können, was er
rzeigen können.
aben. Ich stellte

den Bänden von

ER, die bis dahin
nderts eingehängt

hatullen einlegen
n können.
nähernd fertig. An
haben die beiden
ndurch gearbeitet:
was ist. Schließlich
einzelnen Band ge-
zurückgeleimt, aus-
len werden.
en drei Gruppen an
len Quodlibetica ist
uftrennung Friedrich
zu spüren. In einer
inandergenommene
efügt und gebunden
eilung sehr viele wie-
lose Konvolute.
KARTENSAMMLUNG

Restaurierungswerkstatt

Während eine Fotowerkstatt für eine Bibliothek eine Selbstverständlichkeit ist, ist eine Restaurierungswerkstatt von Niveau immer noch eine Ausnahme. Sie ist etwas, wodurch sich eine Bibliothek wie die unsere auszeichnen kann.

Es ist ja kaum zu fassen, daß die deutschen Bibliotheken mit all den Schätzen, die ihnen anvertraut sind, keine Tradition in der Buchrestaurierung haben, also keine Laufbahn für Restauratoren, keine Einstufung auf Beamten- oder BAT-Gruppen, die diesen Beruf attraktiv machen könnte, keine Ausbildung, keine Diskussion über die Verfahren. Jedes größere graphische Kabinett hat seit hundert Jahren seinen Restaurator, der unablässig die Bestände durchforscht, pflegt und durch Passepartouts schützt. Die Galerien haben erst recht ihre Restauratoren, und zwar in hohen Besoldungsgruppen. Die Bibliotheken haben nichts dergleichen für sich getan. Das hängt mit der Kunstfeindlichkeit, der unbegreiflichen, aber unleugbaren Lebensfeindlichkeit dieses Standes zusammen.

Gewiß, nach den Verlusten des letzten Krieges haben einige Bibliotheken einen Anlauf genommen. Vor allem hat die Bayerische Staatsbibliothek in München, vom Krieg schwerst betroffen, die erste große Restaurierungswerkstatt einer grossen Bibliothek auf die Beine gestellt. Dies Verdienst bleibt bestehen.

Was es sonst an deutschen Bibliotheken an Restauratoren, die sich mit Recht so nennen dürfen, gibt, überblicke ich nicht. Es gibt einen Verband der Archiv-, Bibliotheks- und Graphik-Restauratoren, in dessen Mitgliederverzeichnis einige Bibliotheksrestauratoren aufscheinen, ohne daß wir sie kennen. Zu diesem Verband habe ich unsere Bibliothek im Mai 1968 angemeldet

Abb. 40: Musica-Sammlung in Neueinbänden

und unsere beiden Restauratoren ge
einzutreten. Auch wenn sich herausst
in diesem Verband manches Kleinkarie
Wichtigtuerei sich breit macht, so ist das
Seite zu stehen, schon wegen der Laufba
fungsfragen.

Denn an einer wirklichen Ausbildun
an einer Laufbahn fehlt es vor allem. Wi
theken schustern mit einem gehobene
herum, der Autodidakt ist und, nach Art s
seine Grenzen nicht kennen kann und nic
immer mit dem Restaurieren von Kunstw
hatte, weiß, daß ein im Alter geschädigtes B
oder Buch wohl behandelt und geheilt w
aber ein verrestaurierter Patient muß Übelk

So ist es keine einfache Sache, eine Rest
werkstatt zu gründen. Denn sie muß ihren

Handwerker sind eine besondere S
schen. Man muß etwas von ihnen verla
muß sie loben, wenn sie etwas gut gema
meine, es würde für sie unbefriedigend
bald diesen, bald jenen Band aus bald
nem Fach restaurieren sollten; die Ver
derartig disparate Patienten zu geben, li
Aber ein guter Handwerker muß seher
fertiggebracht hat und muß es auch vo
Also muß er festumrissene Aufgaben h
der Werkstatt drei Aufgaben:
1) die gesamte ALTE MUSIK, wie sie in
   SCHMIEDER steht,
2) das Neubinden der WEISSENBURC
   nur in Lederdecken des 18. Jahrhu
   waren (siehe BUTZMANN, Seite 7)
3) die MALERBÜCHER, die ich in S
   ließ, damit sie ungebunden bleibe
Alle drei Aufgaben werden 1968 an
den sechs Fächern der ALTEN MUSIK
Restauratoren durch sechs Jahre hi
da sieht man, wie zeitraubend so e
muß jedes einzelne Blatt in jedem
waschen, gebleicht, zurückgefärbt,
gebessert und der Band neu gebund

Ich würde empfehlen, nach dies
die QUODLIBETICA zu gehen; in
ja die bekannte verhängnisvolle A
August Eberts am empfindlichster
größeren Aktion müßten ause
Ebert-Bände wieder zusammeng
werden; es finden sich in der Abt
der zusammengelegte, aber noch

Auch die Restaurierung der
steht an.

An den Bänden der ALTEN MUSIK haben wir das
Öltunk-Verfahren auf Elefantenhaut entwickelt, das
beibehalten werden sollte. Herr Flach hat es auf diesem Gebiet zu einiger Virtuosität gebracht; seine Pa-
piere sind das helle Entzücken vieler Besucher (außer
Bibliothekaren) gewesen. Elefantenhaut oder irgend
ein anderer derartiger Kunststoff ist ja nur durch die In-
dustrie depraviert, die ihm die schreckliche Marmorie-
rung aufprägt. Im Rohzustand ist sie ein ausgezeichneter
Stoff, viel geeigneter für Bücher als Leder, Pergament
oder Papier. (Ich habe in der Einleitung zu SCHMIE-
DERS MUSIKDRUCKEN darüber etwas gesagt.) Wenn
man diese Übung durch einige Jahrzehnte fortführt, so
würden diese bunten Öltunkhäute beginnen, sich im
Gesamtbestand unserer Bibliothek durchzusetzen und
ihr soviel Charakter zu verleihen, wie es die weißen Pergamentbände des Herzogs tun.

Ausbildung und Einstufung der Restauratoren betreffend erinnere ich an das Gutachten, das ich auf Anfrage
des Kultusministeriums am 3. Februar 1966 schrieb. Ich
zitiere daraus: Die besondere Schwierigkeit der Buch-
Restaurierung besteht darin, daß der Restaurator die Fä-
higkeiten

1. eines <u>technisch versierten Buchbindemeisters</u>
2. eines <u>Papier- und Pergamentrestaurators</u> und
3. eines <u>Meisters für den modernen künstlerischen
   Bucheinband</u> besitzen muß. Es muß eine <u>Persön-
   lichkeit von selbständigen kunstgewerblichen Fä-
   higkeiten</u>, wie der Leiter einer Buchbinderklasse
   an einer Werkkunstschule, sein, da es ein Unding
   wäre, wenn ein Buchrestaurator sich bloß mit Aus-
   flicken beschäftigen dürfte. Wie ein guter Gemälde-
   Restaurator eine akademische Schulung als Maler
   haben muß, so muß ein Buchrestaurator in der Lage
   sein, einen modernen Meistereinband zu entwerfen

und auszuführen, sonst wagt er nicht, dem zu schonenden Alten entschlossen etwas ausgezeichnetes
Neues an die Seite zu setzen und gerät unweigerlich
ins fatale Historisieren. Diese Einsicht ist wichtig,
wird aber oft auch von den Bibliotheksleitern aus
Ängstlichkeit nicht vollzogen. Oft ist auch ein alter
Einband nicht zu retten oder gar nicht mehr vorhanden: dann muß ein Einband, der auf der Höhe seiner
Zeit und seines Gewerbes ist, entworfen und angefertigt werden können. Dieser Fall tritt hier ein- oder
anderthalb dutzend Male im Jahr ein. In einer freien
Kunstbuchbinderei würde ein Einband 500–600
Mark kosten.

Demnach ergibt sich etwa die folgende

  Laufbahnskizze

  für einen Buchrestaurator:

Drei Jahre Lehrzeit in einer Restaurierungs- und Kunstbuchbindewerkstatt; für Abiturienten im Einverständnis
mit der Innung auf zwei Jahre verkürzt.

Gehilfenprüfung.

Zwei Jahre Werkkunstschule oder Hochschule für bildende Künste mit Buchbinderklasse. Dann:

BAT VI: RESTAURATOR-GEHILFE in Restaurierungswerkstätten von wissenschaftlichen Bibliotheken
nach Lehrzeit in einer Restaurierungswerkstatt
und Werkkunstschule.

BAT Vc: RESTAURATOR an wissenschaftlichen Bibliotheken mit Meisterprüfung für das Buchbinderhandwerk.

BAT IV: RESTAURATOR-MEISTER mit besonderer Erfahrung in mittelalterlichen Handschriften an wissenschaftlichen Bibliotheken mit besonders
großen Beständen an mittelalterlichen Handschriften (über 5000) und an besonders kostbaren Drucken.

BAT III: LEITER eines Restaurierungs-Zentrums für wissenschaftliche Bibliotheken wie bei IV.
Ich bemerke noch, daß es für BAT IV und III in Deutschland nur sehr wenige Stellen geben wird, vielleicht fünf
oder sechs. Aber eben für diese Kräfte, denen Millio-
nenwerte in die Hand gelegt sind, sollten Aufstiegsmög-
lichkeiten geschaffen werden.

Ferner: Man soll den Begriff eines Restaurators nicht
verwässern. Kaum hatte ich unsere Restauratoren mit
Mühe auf die ungewöhnliche BAT Vb gebracht, da zog
eine andere niedersächsische Bibliothek nach und
brachte ihren Buchbinder mit dem Titel eines Restaurators auch nach Vb. So hat das keinen Sinn. Auf Be-
fähigungsnachweis muß Förderung folgen; in dieser
Richtung muß weiter gearbeitet werden. Von bloßem
Immer-Höherstufen bin ich kein Freund.

Ferner: Fortbildung ist für jeden Restaurator das A
und das O. Durch Schrifttum kann Fortbildung schwerlich erfolgen, denn erstens können Handwerker kaum
schreiben und zweitens geben sie ihre Geheimnisse nur
ungern preis und drittens entziehen sich diese hand-
werklichen Dinge auch der Beschreibung.

Sowohl Herr Flach als Frau Frantzen sind in der Mün-
chener Restaurierungswerkstatt gewesen, jeweils einige
Wochen. Allzuviel haben sie wohl nicht von dort mit-
gebracht, einiges aber doch. Wenn die Restaurierungswerkstatt weiterentwickelt werden soll, wodurch sich
die Wolfenbütteler Bibliothek viel Ansehen und viel
Ausstrahlung erwerben könnte, so würde ich Besuche,
mehrmonatige Aufenthalte im Istituto di patologia del
libro in Rom dringend empfehlen. Ich höre, daß die
Leiterin des Institutes deutsch spricht. Daran jedenfalls
dürfte nichts scheitern. Mit Hilfe einer Sonderbewilli-
gung wäre ein solcher Aufenthalt leicht zu finanzieren,
ich würde empfehlen, Frau Frantzen und Herrn Flach

Fehlen[7] ich bedauere. Sie sind in einem Einlegblatt in dem Exemplar im Direktorzimmer und im Katalogsaal verzeichnet; weitere kennt Fräulein ROHR. Bei Auslieferung des 14. Bandes sollte Klostermann gebeten werden, den Subskribenten ein oder zwei oder drei Blätter mit den nachträglichen Funden mitzuliefern. Die Bezieher könnten diese Nachträge ausschneiden und in Streifen einkleben.

Den alsdann vorliegenden drei MUSIK-Bänden fehlt nun freilich noch der Kopf und das Hauptstück:

DIE MUSIKHANDSCHRIFTEN.

Was VOGEL unter diesem Titel herausgab, ist unzulänglich, denn es umfaßt nicht die mittelalterliche Musik, selbstverständlich die Hauptsache. Da die Spezialisten für die mittelalterliche Musik rar sind, wird es großer Energien bedürfen, diesen Band zu verwirklichen. Ich kann mir die Arbeit daran nur so vorstellen, daß ein Musikwissenschaftler mehrere Spezialisten für Neumen, für Liturgisches und so weiter heranziehen würde.

Kartensammlung

Die Kartensammlung ist nicht gut dran; sie enthält aus Helmstedt ja immerhin einige hochberühmte Stücke und ist im ganzen einer besseren Aufbewahrung wert. Diese sollte ihr im IV. Bauabschnitt im östlichen Saal der Südfront des oberen Stockwerks, im Anschluß an die Handschriftensammlung, zuteil werden.

Inzwischen habe ich die gesamte Kartensammlung aus dem alten Vorratsraum herausgenommen und in den Grünen Saal gebracht, wo 10 Kartenschränke bereitstanden.

---

7 im Katalog

Daß die gesamte Kartensammlung durchrestauriert werden muß, habe ich bei der RESTAURIERUNG gesagt. Eine lange Arbeit.

Daß sechs gerahmte Karten, von denen sich jetzt im Grünen Saal vier in die Wand eingelassen befinden, in die Säle 116 und 118 gelangen sollen und somit dem musealen Teil, durch welchen die Führungen gehen werden, zugehören sollen, ist im Abschnitt UMBAU bereits gesagt.

Bibliotheksarchiv

Für das Bibliotheksarchiv gilt dasselbe wie für die Kartensammlung: es ist stiefmütterlich aufgestellt, zu wenig geordnet und infolgedessen zu schwer benutzbar. Sowie mehr Stellraum geschaffen ist, muß das Bibliotheksarchiv freier aufgestellt und besser geordnet werden; überhaupt empfiehlt sich eine gründliche Sichtung und Ordnung und Verzeichnung des Materials, da eine Bibliothek ja aus ihrer eigenen Vergangenheit lebt und die Herkunft einzelner Bestände oder einzelner Stücke leicht feststellbar sein sollte.

Inzwischen habe ich im Juli 68 Herrn MILDE mit der Neuordnung des Bibliotheksarchivs beauftragt. Er ist gegenwärtig dabei.

Parlamentschriften und Schulprogramme

Der sogenannte Programmkeller befindet sich in üblem Zustand. Die dort befindlichen PARLAMENTSCHRIFTEN sind gewiß einigermaßen totes Material und haben wertvolleren Stellraum nicht zu beanspruchen, doch müßten sie immerhin gesäubert, verzeichnet und besser aufgestellt sein.

In den fleißigen SCHULPROGRAMMEN steckt so viel bewundernswerte philologische Kleinarbeit, die davon zeugt, daß der Stand der Studienräte einmal etwas anderes war, daß diesem Bestand eine bessere Behandlung zugedacht werden sollte.

Zeitungsbestand

Der Zeitungsbestand der Bibliothek ist nicht unbeträchtlich. Fast der gesamte Bestand war ungebunden und durcheinander geraten. Er ist jetzt geordnet, gebunden und an die Zentralstelle nach Bremen gemeldet. Die Verlegung des Zeitungsbestands in den Bücherturm steht soeben bevor.

Merkwürdigkeiten

Ich bedauere, daß die alte Bibliothekssitte, einen Band „Merkwürdigkeiten", „Cimelien" oder „Beschreibungen" zu besitzen aus der Übung gekommen ist; die hiesige Bibliothek wäre wie geschaffen dafür. Der alte SCHÖNEMANN mit seinen HUNDERT MERKWÜRDIGKEITEN, denen er noch ein zweites und drittes Hundert nachfolgen ließ, ist in jedem Sinn überholt. Schon die modernen Reproduktionstechniken würden einem solchen Band eine ganz andere Gestalt möglich machen.

Da die Bildtafeln des Heinemannschen Handschriftenkatalogs für ihre Zeit opulent, eben fürstlich waren (sie wurden in den Vorlesungen von Goldschmidt in Berlin gerühmt) und da der Neudruck der alten Bände bei Klostermann ohne diese Tafeln erfolgt, legt sich das Unternehmen eines Bildbandes mit hundert oder hundertfünfzig hervorragenden Stücken nahe.

Das Ministerium in Person des Gönners und Förderers unserer Bibliothek, des Herrn Ministerialdirigenten Schneiders, hat sich den Plan zu eigen gemacht und immer wieder den Wunsch ausgesprochen, den Band schon zum Leibniz-Jahr vorlegen zu können. Da Leibniz sechsundzwanzig Jahre lang Leiter unserer Bibliothek war (die hannoveranische Bibliothek, deren Chef Leibniz schon vordem und gleichzeitig war, war ja zu jenen Zeiten bedeutend schwerlich zu nennen) wäre ich diesem Wunsch nur zu gern nachgekommen. Aber der Bau und die sechs anderen Katalogbände unserer Neuen Folge haben es mir nicht möglich gemacht, auch dieses Werk noch in Angriff zu nehmen.

Einige Vorarbeit dazu ist geleistet.

Ausstellungen

Einige Male im Jahr werden von unserer Bibliothek Leihgaben für irgendwelche Ausstellungen erbeten. Eine lange Erfahrung mit solchen Ausstellungen ist trüb. Es wiederholt sich fast ausnahmslos, daß vor Beginn der Ausstellungen alle Schwüre für sorgfältige Bewahrung geleistet werden, daß dann aber höchst sorglos mit dem Ausstellungsgut verfahren wird, und beim Abbau geht alles ohnehin durcheinander. Das Interesse ist dann erloschen. Was man an Sicherheiten haben möchte, muß von Anfang an ausgemacht werden.

Ich habe die letzten Jahre nichts mehr herausgegeben ohne die Zusicherung, daß jemand von hier, zumeist der Restaurator, die Leihgaben in die Vitrinen selbst einlegt. Auch dann noch kommt es oft genug vor, daß der Restaurator ankommt und die Vorbereitungen sind dürftig.

aussonderte und irgendwie unter Verschluß hält, sondern die sich als Rarum im Ganzen betrachtet. Dieses Prinzip habe ich zu Beginn meiner Amtszeit mit dem Kollegen Butzmann lange beraten und wir haben beschlossen, es so aufzufassen. Ich verhehle mir aber nicht, daß dieses immer schwerer zu verantworten ist. Das Personal hat sich seit 1950 vervielfacht; vor 1950 gab es 3 Bibliothekare (was gar nicht so wenig war), aber nur 1 Diplombibliothekarin, 2 VII-Stellen und 1 Hausmeister; im ganzen also 7, jetzt 30. Dieses Personal hat Zugang zu fast allen Räumen dieses Hauses; nur für die Handschriften gibt es eine Schlüsselbegrenzung. Der Grundriß des Hauses erlaubt kaum einen Abschluß einzelner Flügel, so wie man es bei einem Magazinhaus machen kann.

Dieser Umstand muß durch große Wachsamkeit der engeren Mitarbeiter ausgeglichen werden und ich meine, man sollte sie des öfteren dazu ermahnen.

Instand-Haltung

Der Bibliothek stehen im Jahr 20.000 DM Bauunterhaltung zu. Über sie verfügt das Staatshochbauamt. Es wäre jedoch verfehlt, anzunehmen, daß das Staatshochbauamt sich um die Erhaltung der Bausubstanz unseres Hauses selbst kümmert. Weit gefehlt; ich habe in achtzehn Jahren nicht erlebt, daß das Staatshochbauamt von sich aus irgendwie initiativ geworden wäre. Vielmehr heißt es regelmäßig in der ersten Jahreshälfte: die Summen seien noch nicht angekommen, in der zweiten Hälfte aber: sie seien bereits anderweit verfügt. Es hilft nichts als ein zähes Dahinterher mit einem jeweiligen Jahresprogramm, einer Liste von Wünschen zur Bauunterhal-

tung, die innerhalb eines Jahres durchgedrückt werden
müssen. Das Direktorhaus rechnet zur Bibliothek.

Im Innern

ist die Erhaltung des Zustands aus anderen Gründen
nicht leicht. Die Architekten übergeben einen Bau in
einem Zustand, der ihrer Vorstellung entspricht. Nun er-
greifen die Bewohner Besitz. Ist nun der Hausherr nicht
streng darauf aus, das Niveau zu halten, setzt eine stille
Umwandlung ein. Die Bewohner verwirklichen jetzt,
was ihrer Lebensweise gemäß ist. Man muß sich das Ge-
fälle von der Eleganz eines Architekten-Neubaus und
dem kleinbürgerlichen Milieu, in dem viele Mitarbeiter
außerhalb ihres Dienstes privat wohnen, nur vorstellen.
Man kann ihnen gar nicht verübeln, daß sie mit zäher
Beharrlichkeit den Stil, der ihnen gemäß ist, auch an
ihrer Arbeitsstätte durchzusetzen streben. Bamberger
Reiter und Dürerhasen an der Wand sind da noch das
Mildeste, was zu befürchten ist. Es bedarf nicht geringer
Anstrengung und immer wiederholter, freilich nicht an-
genehmer Eingriffe, um den Stil des Hauses zu halten.

Die Hausmeisterfrage

ist derzeit nicht völlig befriedigend gelöst. Der Maga-
zinmeister HALM wohnt zwar in der Hausmeisterwohnung, ist jedoch nicht eigentlich, was man sich unter
einem Hausmeister vorstellt; Herr HALM ist mehr als ein
Hausmeister. Die Wohnung hat lange Jahre hindurch
seine Klagen hervorgerufen, sie erschien ihm nicht stan-
desgemäß und hat ja, neben unleugbaren Vorzügen,

auch beträchtliche Nachteile. Andererseits will er auch nicht ausziehen. Man wünschte sich jedoch in dieser Wohnung einen richtigen Hausmeister, der die Wege des Grundstücks säubert, die technischen Anlagen überwacht, die Heizkörper abdreht, wenn sie nicht nötig sind, und alle solchen Arbeiten. Eine solche Kraft will Herr HALM nicht sein und ist es in der Tat nicht; er ist außergewöhnlich tüchtig und ehrgeizig.

Ich behalf mich mit einem Rentner alter Schule, Herrn WIECHERT, einem zuverlässigen, allseitigen und unerhört willigen Mann, der aber ziemlich weit weg wohnt. Das ist nicht das Richtige.

Während des Umbaus sind die Verhältnisse ohnehin außergewöhnlich. Nach dem Umbau wäre es schon gut, wenn die Bibliothek in der Hausmeisterwohnung einen richtigen Hausmeister hätte, der sich nicht auf die Fünftagewoche versteift. Man würde ihn sogar finden.

(Der alte Hausmeister, Herr KÄMMERER, der bis 1953 im Dienst war und noch lebt, dessen Gedächtnis also am weitesten, bis 1920, zurückreicht, bewohnte und bewachte und beheizte das Haus, stand im strengen Winter auch nachts auf, um nachzulegen, hatte die Plage mit Asche und Schlacke, versah den Post- und Paketdienst mit dem Fahrrad und hatte den gesamten Magazindienst inne. Ich habe den einfachen Dienst im Vergleich zu 1950 verfünffacht, während der wissenschaftliche Dienst schon damals 1950, aus drei Stellen bestand, von denen ich noch dazu eine auflösen und in zwei tüchtige Diplombibliothekarinnen Stellen umwandeln mußte, weil ich nur eine einzige Diplombibliotheka-rinnen-Stelle vorfand. Dazu kommt, daß der einfache Dienst durch Maschinen enorm entlastet wurde: automatische Heizung, Klima-Anlage, Bohnermaschinen, Staubsauger, Automatisierung der Außenbeleuchtung, Fahrstühle, Postdienst mit dem Auto (im Wegegeld leider). Gleichwohl, der einfache Dienst hat mir mehr Sorgen als jeder andere gemacht. Derzeit geht es gut, aber doch nur, weil ich im Lauf der Zeit viele Ungeeignete vor die Tür setzte, was beim Staat noch schwieriger ist als in der Wirtschaft und mit gewaltig viel Unannehmlichkeiten verknüpft ist.)

Meiner Überzeugung nach sollte im Lessinghaus ein zweiter Hausmeister oder ein Magazingehilfe wohnen, dessen Frau die dort anfallenden Hausarbeiten versieht. Es wird jemand dasein müssen, der jederzeit im Lessinghaus und in der Bibliothek führen kann. Auch wenn in unserer Hausmeisterwohnung ein richtiger Hausmeister wohnt, wird es sich doch nicht verhindern lassen, daß dieser an Wochenenden, Feiertagen und im Urlaub, also rund ein Drittel des Jahres, nicht zur Verfügung ist. Haus und Sammlung ein Drittel des Jahres ohne Aufsicht zu lassen, ist nicht zu verantworten.

Direktor-Wohnung

Ich bedauere, daß ich vor achtzehn Jahren, als ich hierherkam, nicht wußte, daß ich so lang bleiben würde; ich hatte es eigentlich nicht vor. Es war damals alles sehr unwohnlich. Hätte ich es gewußt, hätte ich noch viel mehr in Haus und Garten investiert, es mir selber bequemer gemacht und das Erbe vergrößert.

Auf das, was das Bauamt von sich aus für Bibliothek und Direktorhaus tut, kann man sich nicht verlassen. Obwohl für Bibliothek und Direktorhaus im Jahr 20.000 DM Bauunterhaltung vorgesehen sind, tut das Bauamt von sich aus überhaupt nichts, höchstens etwas auf unablässiges Drängen und zur Last-Fallen.

Noch klüger aber wäre es, die Direktorwohnung für die Amtszeit als Eigentum zu betrachten, zu bessern,

mehr in einen Bauzustand zu versetzen, der denkmal-
pflegerisch und statisch zu verantworten ist, daß erste
Mittel dafür bereits in den Haushaltvoranschlag 1969
eingebracht wurden, daß daraus ersichtlich ist, daß
keine kleinliche Lösung, vielmehr eine gründliche an-
gestrebt wird, und daß der Gedanke, das Haus zu zwei
Dritteln als Dichterhaus, zu einem Drittel aber nichtmu-
seal, vielmehr lebensvoll als Gästehaus der Bibliothek
aufzufassen, allgemein akzeptiert wurde.

Es wird übrigens gut sein, alle Beteiligten daran zu erinnern, daß man der Einrichtung, der inneren Ausstat-
tung des Hauses, soweit es als Dichterhaus aufgefaßt
wird, wird Zeit lassen müssen. So etwas muß diskutiert
werden, überlegt werden und reifen. Architekten nei-
gen dazu, diesen Teil der Arbeit zu unterschätzen und
meinen, sie hätten allem Genüge getan, wenn schöne
Räume geschaffen sind; sie überschätzen das Raum-
empfinden der Leute, und sie unterschätzen den Inhalt.
Ich erinnere daran, daß man einem Museum, wenn es
richtig zugeht, und wenn ein Museumleiter, wie Haft-
mann bei der Nationalgalerie, es ernst nimmt, nach dem
Fertigwerden des Baues ein Jahr Zeit läßt zum Hängen,
zum Immerwieder-Umhängen, Ausprobieren, Detailie-
ren und Prüfen. Man möge auch bei dieser kleinen, aber
hochempfindlichen Aufgabe ein nicht allzuschnelles Er-
gebnis erwarten.

Ich beklage, daß es mir selbst nicht mehr möglich
war, diese schöne und große Aufgabe zu erfüllen und
verhehle mir nicht, daß ich mit diesem Unternehmen
meinem Nachfolger ein gehöriges Quantum Arbeit hinterlasse. Wenn es ihm gelingt, den Plan großzügig und
überzeugend auszuführen, wird er sicherlich dem Land,
der Bibliothek und sich selber einen weithin wirksamen,
vielbesprochenen Dienst erwiesen haben.

Persönlich:

Ich freue mich, einen Nachfolger zu haben, der vom gelesenen, nicht vom verwalteten Buch kommt und seiner geistigen Leistungen wegen, nicht wegen seiner Rolle auf Fach-Tagungen, ausgewählt und ernannt worden ist.

Ich bin der Meinung, daß man die Verwaltung, das Organisatorische einer Bibliothek als selbstverständliches Nebenbei beherrschen oder durch Beauftragte erledigen lassen müßte, kann aber nicht zugeben, daß es die Aufgabe eines Bibliotheksleiters sei, in den Quisquilien der Verwaltung aufzugehen. Freilich möchte ich meinem Nachfolger einen souveräneren Bürovorsteher wünschen, als ich ihn ihm hinterlasse. Der Sekretär, der immerhin nach BAT IVb besoldet wird, sollte außerhalb seiner Rechnungsachen und einiger Kampftüchtigkeit im Vorschriftendschungel ein wenig Autorität im Hause besitzen und sich initiativ um alles Mögliche kümmern.

Ganz allgemein sollten, so meine ich, die Bibliotheken gute Bürodirektoren haben, [die Bibliotheksdirektoren] selbst aber Persönlichkeiten sein, die ihrer geistigen Leistungen wegen öffentliches Ansehen haben. Der jetzige Zustand, daß Bibliotheksdirektoren, wenn sie zusammentreten, die Gespräche von Bürodirektoren führen müssen, empfinde ich als unwürdig.

*

Das Personal und sich selbst zur Sofort-Erledigung anzuhalten, ist eine einfache Maßnahme, mit der man, als Behörde, den allergrößten Überraschungseffekt machen kann. Ich kann sagen, daß die Besucher und Befrager unserer Bibliothek daran gewöhnt sind, noch am selben Tag oder doch am folgenden Antwort zu bekommen, das gilt auch für die Foto-Werkstatt, bei der eine Wochenfrist der Erledigung nicht überschritten werden sollte, mindestens nicht ohne Zwischenbescheid. Es ist eher beschämend, zu erfahren, welches Erstaunen eine sofortige briefliche Auskunft beim europäischen, (weniger beim überseeischen) Empfänger erregt.

*

Ich habe mich während meiner Amtszeit ganz auf meine hiesige Tätigkeit konzentriert. Ich habe zahllose Aufforderungen zu Vorträgen, Lesungen und gelegentlichen Mitarbeiten abgeschlagen, mir auch stärkere Teilnahme an den beiden Akademien der Künste in Berlin und in München, denen ich angehöre, versagt, und meine literarische Arbeit auf die frühen Morgenstunden beschränkt. Ich gehöre keinem Ausschuß des Vereins Deutscher Bibliothekare an, ich verabscheue Beirats- und Kommissions-Sitzungen, Tagungen, Vollversammlungen und Gremien, und bin darin wohl zu weit gegangen.

Es scheint mir, daß der Stand der Bibliothekare keineswegs so arm an Persönlichkeiten ist, wie es auf den Fachtagungen scheint; er ist bloß falsch repräsentiert. Wenn Bibliothekare stundenlang, tagelang reden, und es kommt kein Satz vor, der verriete, daß man sich nicht unter Steuerfachleuten, Kursbuchexperten oder Kreistagsabgeordneten befindet, so kann etwas nicht stimmen. So lebensfeindlich, wie sich dieser Stand selber darstellt, ist der Beruf doch gar nicht.

Aller dieser Umstände ungeachtet, rate ich meinem Nachfolger, sich nicht so zu isolieren, wie ich es tat. Es gibt einen einfachen Weg, sich, bei aller Enthaltung von Verwaltungsproblemen, dennoch Ansehen bei der Zunft zu verschaffen, auch wenn man nicht Lust hat, den Ausschuß-Löwen zu spielen. Wenn der Wolfenbütteler Bibliothekar alle paar Jahre auf dem Bibliothekartag einen Festvortrag hält über irgend etwas, das in den Büchern steht, nicht bloß auf ihren Rücken, so kann er sowohl sich wie seiner Zunft einen Dienst erweisen, sich von vielen Ausschußpflichten entbinden, das Niveau einer Tagung dem Niveau, das die Allgemeinheit erwartet und das bei den Tagungen der Museumsleiter etwa eine Selbstverständlichkeit ist, annähern helfen, und zudem das Vorstellungsbild nähren, das man etwa von dem Wolfenbütteler Bibliothekar hat.

*

Vieles von dem, was ich begann, konnte ich nur halb oder zu drei Vierteln vollenden. Das kommt meinem Nachfolger zu gut. Ich weiß das, und ich freue mich, wenn ich hören werde, daß Vieles heranreift.

Die Anlaufzeit während meiner Amtszeit, also die Zeit, bis ich Dinge von größerer Bedeutung ins Werk setzen durfte, war zu lang. Doch ist das in einem so großen und schwerfälligen Apparat, wie es die Staatswirtschaft ist, eben so. Ich habe keinen Grund, zu bedauern, daß ich in Wolfenbüttel ausgeharrt habe. Es gilt jetzt, den Schwung weiterzuhalten. Ohne eine lange Amtszeit ist auf diesem Posten nichts Gescheites zu machen. Das bringt die Besonderheit dieser Sammlung mit sich.

*

Ich möchte noch etwas Unzeitgemäßes vorbringen: Daß ich es für eine Grausamkeit halte, von Mitarbeitern nicht mehr zu verlangen, als sie von allein zu leisten bereit sind. Es wird immer Menschen geben, die sich ihre Aufgaben, ihre Marken selbst setzen, und es wird immer Andere, Mehrere, geben, die es darauf ankommen lassen, daß man etwas von ihnen verlangt. Diesen die Hilfe zu weigern, die darin liegt, daß man etwas von ihnen fordert, das eigentlich über ihrem Niveau liegt, ist grausam. Schon daß man dem Abhängigen damit das Glück raubt, über die Last, die ihm auferlegt ist, zu klagen, ist der Entzug eines Naturrechts.

Es kann nicht geleugnet werden, daß es in den (sogenannten) planwirtschaftlichen Betrieben, zu welchen die Staatsbetriebe ja rechnen, schwer wurde, Einfluß auf Mitarbeiter zu nehmen. Das Erziehen ist schwerer geworden. Soviel ich sehe, geben Viele, durch den gesamten Aufbau eines Betriebes hindurch, also in allen seinen Instanzen, dieses behinderte, unzeitgemäße, sogar verschrieene Geschäft auf. Doch scheint es mir ein säkularer Irrtum zu sein, anzunehmen, daß ein Abhängiger glücklicher daran ist, wenn man ihn sich selbst überläßt. Ich bin überzeugt, daß der allgemeine Verzicht auf Erziehung auf eine Unmenschlichkeit ausläuft.

*

Mein Nachfolger wird am eigenen Leib die Wucht spüren, mit der sich die Verantwortung für diese immense Sammlung, ihre Sicherheit und ihre Fruchtbarmachung, auf ihn herabsenkt. Er wird, das kann ich voraussagen, diese Last mit der Zeit stärker spüren, seltsamerweise, nicht schwächer.

Ich bitte, mir einige Wiederholungen innerhalb des Textes nachzusehen.

Viten

Erhart Kästner (* 13. März 1904 in Schweinfurt
† 3. Februar 1974 in Staufen im Breisgau). Studierte in
Leipzig, Freiburg und Kiel. 1927 Promotion in Leipzig.
Seit 1927 bis 1940 Bibliothekar an der Landesbibliothek im Japanischen Palais zu Dresden und dort Leiter
der Handschriften-Sammlung und der Sammlung biblio-
philer Kostbarkeiten. Zwischenzeitlich (1936/1937) Sekretär bei Gerhart Hauptmann. Nach sieben Jahren Krieg
und Kriegsgefangenschaft Berufung in das Amt des Direktors der Herzog August Bibliothek Wolfenbüttel, das
er am 1. März 1950 antrat und bis zum Oktober 1968 be-
gleitete.

Helwig Schmidt-Glintzer (* 24. Juni 1948). Studierte
in Göttingen, München, Taiwan und Japan. 1973 Promotion in München. 1979 Habilitation an der Universität
Bonn. Seit 1981 Lehrstuhl für Ostasiatische Kultur- und
Sprachwissenschaft an der Ludwig-Maximilians-Universi-
tät München. 1993 Berufung an die Universität Göttingen. Er war von Juli 1993 bis Juni 2015 Direktor der Herzog August Bibliothek Wolfenbüttel.

Kunstwirklichkeiten

Erhart Kästner – Bibliothekar, Schriftsteller, Sammler

von Hans-Ulrich Lehmann und Sabine Solf

Wolfenbütteler Schriften zur Geschichte des Buchwesens 21. 1994. 116 S., 23 Farbtafeln und 55 Abb. ISBN: 3-447-03513-7, broschiert € 12,50

1994 wurde anlässlich des 90. Geburtstages und 20. Todestages Erhart Kästners dieser mittels einer Ausstellung als Freund der Künstler und der bildenden Kunst geehrt. Diese Leidenschaft Kästners fand Ausdruck v. a. in der Einrichtung der Malerbuchsammlung, die sein Verständnis der Herzog August Bibliothek als „Bibliotheca illustris" zeigte. Der vorliegende Ausstellungskatalog veranschaulicht in ansprechender Weise Kästners Kunst- und Bibliotheksverständnis. Dazu werden Kunstbucherwerbungen Kästners aus seiner Zeit an der Sächsischen Landesbibliothek sowie Kunstwerke aus seinem Besitz vorgestellt. Es folgen mehrere kleinere Beiträge Kästners zur Herzog August Bibliothek, zu deren Umbau sowie zur Gattung des Malerbuches. Das Werk schließt mit einem Verzeichnis der ausgestellten Malerbücher.

Das Malerbuch des 20. Jahrhunderts

Die Künstlerbuchsammlung der Herzog August Bibliothek Wolfenbüttel

bearbeitet von Werner Arnold

Der vorliegende Band bietet die Katalogisierung der Künstlerbuchsammlung der Herzog August Bibliothek aus der Zeit von ca. 1800 bis 2003. Es handelt sich um die Bücher, die seit dem Aufbau der Malerbuchsammlung und der späteren Bildung der Gruppe *Ars librorum* (Pressendrucke und bibliophile Ausgaben) diesen Beständen zugeordnet wurden.

Ihren Aufbau verdankt die Malerbuchsammlung Erhart Kästner, von 1950 bis 1968 Direktor der Herzog August Bibliothek, der mit dieser das Anliegen verband, die Bibliothek „als illustre Büchersammlung rein und gegenwärtig zu halten". Aus Mitteln des Dublettentauschs entstand so bis 1961 eine der führenden deutschen Sammlungen moderner

Wolfenbütteler Schriften zur Geschichte des Buchwesens 37. 2004. 454 S. mit 52 Farbtafeln ISBN: 978-3-447-05051-7, geb. € 97,–

Künstlerbücher. Die Malerbücher bestimmte Kästner als Hauptwerke der modernen Buchkunst mit originaler Graphik zeitgenössischer Künstler und präzisierte diese Erklärung dahingehend, es handele sich um die Bücher, die Maler zu Themen ihrer ureigensten Interessen hergestellt hätten.

Im Anschluss an eine thematische Einführung von Werner Arnold folgen 53 Farbabbildungen mit Beispielseiten aus Malerbüchern, u.a. von Marc Chagall und Pablo Picasso. Den Großteil des Buches umfasst die anlässlich des 100. Geburtstages Kästners erstellte Katalogisierung des Malerbuchbestandes.

Von gesichertem Wissen und neuen Einsichten

Geisteswissenschaftliche Zeitschriften –
Referenzsysteme und Qualitätsstandards

von Helwig Schmidt-Glintzer

Wolfenbütteler Hefte 27. 2010.
333 S. mit 6 Farbabb.
ISBN: 978-3-447-06240-2,
geb., € 20,–

Als von den großen wissenschaftlichen Bibliotheken in Marbach, Weimar und Wolfenbüttel gemeinsam die „Zeitschrift für Ideengeschichte" ins Leben gerufen wurde, stellte sich für die Herausgeber die Frage, auf welche Weise und mit welchen Methoden die Qualität der Beiträge gesichert werden kann. Ausgehend davon drängte sich die Frage nach der Qualitätssicherung für geisteswissenschaftliche Forschung und Publikationen generell auf. Daher kamen im August 2008 in Wolfenbüttel Fachwissenschaftler zu einer Expertentagung zusammen, um Referenzsysteme und Qualitätsstandards bei geisteswissenschaftlichen Zeitschriften zu diskutieren und festzulegen. Die vorliegende Publikation fasst die Überlegungen der Tagung zusammen und ergänzt sie mit einer ausführlichen Einleitung.

Für das in der Qualitätssicherung praktizierte Peer-Review-Verfahren (Begutachtung durch andere Wissenschaftler) wurde als sinnvoll erachtet, nicht nach dem Double-Blind-System (weder Begutachter noch begutachteter Autor kennt die Identität des anderen) zu verfahren. Eine Kombination von redaktioneller Arbeit, einer traditionellen Form der Qualitätssicherung, und Peer-Review-Verfahren wird empfohlen, wobei unterschiedliche Verfahren zur Qualitätssicherung zu wählen sind. Als wesentliche Form zukünftiger Qualitätssicherung wird ein über Netzwerke erfolgendes und die Forschung begleitendes Review-Verfahren betrachtet.

Der Text wird mit einer ausführlichen Bibliographie zur Thematik ergänzt und mit einigen Abbildungen illustriert.